sociologia do crime e da violência

**EDITORA
intersaberes**

O selo DIALÓGICA da Editora InterSaberes faz referência às publicações que privilegiam uma linguagem na qual o autor dialoga com o leitor por meio de recursos textuais e visuais, o que torna o conteúdo muito mais dinâmico. São livros que criam um ambiente de interação com o leitor – seu universo cultural, social e de elaboração de conhecimentos –, possibilitando um real processo de interlocução para que a comunicação se efetive.

DIALÓGICA

sociologia do crime e da violência

Alex Erno Breunig
Valmir de Souza

EDITORA intersaberes

Rua Clara Vendramin, 58
Mossunguê . CEP 81200-170
Curitiba . PR . Brasil
Fone: (41) 2106-4170
www.intersaberes.com
editora@editoraintersaberes.com.br

■ Conselho editorial
Dr. Ivo José Both (presidente)
Drª Elena Godoy
Dr. Nelson Luís Dias
Dr. Neri dos Santos
Dr. Ulf Gregor Baranow

■ Editor-chefe
Lindsay Azambuja

■ Supervisora editorial
Ariadne Nunes Wenger

■ Analista editorial
Ariel Martins

■ Preparação de originais
Carlos Eduardo da Silva

■ Edição de texto
Gustavo Piratello de Castro
Tiago Marinaska

■ Projeto gráfico
Raphael Bernadelli

■ Capa
Sílvio Gabriel Spannenberg (*design*)
yothin sanchai/Shutterstock (imagem)

■ Diagramação
Maiane Gabriele de Araujo

■ Equipe de *design*
Sílvio Gabriel Spannenberg
Laís Galvão
Charles L. da Silva

■ Ilustrações
Marcelo Lopes

■ Iconografia
Regina Claudia Cruz Prestes

Dados Internacionais de Catalogação na Publicação (CIP)
(Câmara Brasileira do Livro, SP, Brasil)

Breunig, Alex Erno
  Sociologia do crime e da violência/Alex Erno Breunig,
Valmir de Souza. Curitiba: InterSaberes, 2018.

  Bibliografia.
  ISBN 978-85-5972-668-8

  1. Criminalidade 2. Criminalidade – Aspectos sociais 3. Problemas sociais 4. Sociedade 5. Violência I. Souza, Valmir de. II. Título.

18-12865   CDD-364

Índices para catálogo sistemático:
1. Sociologia do crime: Problemas sociais   364

EDITORA AFILIADA

1ª edição, 2018.

Foi feito o depósito legal.

Informamos que é de inteira responsabilidade dos autores a emissão de conceitos.

Nenhuma parte desta publicação poderá ser reproduzida por qualquer meio ou forma sem a prévia autorização da Editora InterSaberes.

A violação dos direitos autorais é crime estabelecido na Lei n. 9.610/1998 e punido pelo art. 184 do Código Penal.

2.2 Sociologia clássica e diferentes perspectivas sobre violência e criminalidade - 58

Capítulo 3 Escola de Chicago: correntes, perspectivas e interlocuções - 91

3.1 A Escola de Chicago e a ecologia humana - 92
3.2 Teoria da desorganização social ou teoria da ecologia criminal - 96
3.3 A teoria da associação diferencial em Sutherland - 102
3.4 A sociologia do desvio em Becker - 104
3.5 Os estabelecidos e os *outsiders* em Elias e Scotson - 110
3.6 O estigma em Goffman - 117

Capítulo 4 Perspectivas pós-estruturalistas sobre crime e violência - 125

4.1 Michel Foucault (1926-1984) - 126
4.2 Gilles Deleuze (1925-1995) - 130
4.3 O novo paradigma da violência em Wieviorka - 133
4.4 A força do direito e o poder simbólico em Bourdieu - 136

prefácio 11

apresentação 15

como aproveitar ao máximo este livro 19

Capítulo 1   Ciências sociais e sociologia: uma breve apresentação - 23

1.1 Origem da sociologia: contexto social e intelectual - 24
1.2 Surgimento da sociologia - 27
1.3 Principais nomes da sociologia - 29
1.4 Conceitos básicos da sociologia - 35
1.5 Relações entre a sociologia e outras ciências - 40

Capítulo 2   Principais escolas sociológicas - 53

2.1 Sociologia como representação da sociedade - 54

sumário

Capítulo 5 **Sociedade, mão de obra e violência - 145**

5.1 A relação entre o cárcere e a fábrica em Melossi e Pavarini - 146
5.2 O estado penal em Wacquant - 154
5.3 O abolicionismo penal em Hulsman - 161
5.4 A sociabilidade violenta em Machado da Silva - 166
5.5 A sujeição criminal em Misse - 170

Capítulo 6 **Estudos sobre violência e criminalidade na sociologia brasileira - 179**

6.1 Valores éticos - 180
6.2 Criminalização da pobreza - 184
6.3 Movimentos sociais - 189
6.4 Juventude e criminalidade - 194
6.5 A questão carcerária - 196
6.6 Pena de morte - 200

estudo de caso 207
para concluir... 209
referências 211
respostas 227
sobre os autores 231

Dedico minha participação nesta obra à minha amada esposa, Lilian, e aos meus gêmeos, Davi e Lucas, que, pacientemente, furtaram-se de minhas atenções para propiciar-me condições de laborar.

Alex Erno Breunig

*Dedico este trabalho a Deus, aos meus pais, João (*in memoriam*) e Sebastiana, bem como às minhas professoras, que me ensinaram a ler e a escrever. Dedico-o principalmente a Cristiane, minha companheira, que me dá forças, e a Maria Clara e a Ana Luiza, minhas filhas amadas. Dedico-o também aos profissionais de segurança, desejando que este livro sirva como complemento aos seus estudos.*

Valmir de Souza

Recebi, com imensa satisfação, o convite dos autores para prefaciar a obra *Sociologia do crime e da violência*, satisfação somente superada pela honra e pelo crescimento pessoal que o acesso ao seu conteúdo me proporcionou.

Os jovens autores – oficiais da Polícia Militar do Estado do Paraná – são profissionais destacados na área da segurança pública, com décadas de experiência no controverso e incompreendido universo policial e com atuações em diversas atividades administrativas e operacionais.

Não é por acaso que, com base em rigorosos critérios exigidos pela Editora InterSaberes, eles foram selecionados, indicados e convidados a contribuir para tão sensível área do conhecimento humano. Tive a grata satisfação de, como coordenador dos cursos de tecnologia em Segurança Pública e Gestão da Segurança Privada, ter participado desse processo bem-sucedido.

Além da experiência, ambos possuem formação acadêmica que os habilita a manusear, com maestria, conceitos sociológicos abstratos, sem perder a verve realística.

A união entre uma vivência cotidiana e uma sólida formação acadêmica permitiram acrisolar o conteúdo da obra, que, ao mesmo tempo que proporciona uma viagem epistêmica pelos temas da sociologia relacionados à segurança pública, não esquece de sua matriz prática, real, das vidas concretas, só possível e acessível a quem consegue combinar mundos por vezes distantes: o da teoria e o da prática.

De fato, os autores, na obra em referência, conseguem apresentar uma visão panorâmica e introdutória de assuntos e temas que gravitam no entorno da sociologia e da segurança pública, ponto de partida fundamental para todos os que trabalham nessa área e pretendem seguir o preparo profissional como caminho (seguro) para o ascendente aprimoramento das atividades cotidianas.

Além disso, os autores manuseiam, com precisão cirúrgica, conceitos profundos da sociologia. Apesar da complexidade de alguns temas, eles os apresentam de forma leve, sempre fundamentados na experiência e na vivência práticas, e, dialeticamente, proporcionaram a amenização de complexas análises puramente teóricas.

Nesse contexto, as obras literárias mencionadas e os exemplos práticos apresentados, aliados à estrutura dialógica do texto, proporcionam um caminho suave ao conhecimento.

E dessa forma eles trabalham com conceitos equívocos, com base em perspectivas múltiplas e em pensadores consagrados, permitindo uma visão geral dos fenômenos que pretendem trabalhar. Conseguem introduzir o complicado caminho da compreensão sociológica do fenômeno da violência para além da mera ideia intuitiva de uso de força física. Se a violência é o "equivalente funcional da autoridade" (Hannah Arendt), ou "a parteira de toda sociedade prenhe de uma nova" (Karl Marx), ou "monopólio do Estado Moderno" (Max Weber), os autores nos permitem uma ampliação de horizontes para compreendermos que, no campo da sociologia, não há espaços para "achismos" ou para políticas públicas rasas, precipitadas ou imediatistas.

O mesmo esforço didático encontramos em temas como o enigmático fenômeno criminal (crime) nas perspectivas jurídica, sociológica e prática, ou a própria essência da segurança pública, paradoxalmente tão desconhecida quanto mais imaginamos que a conhecemos.

Visto que a segurança pública é o campo do paradoxo por excelência, nos capítulos que se seguem os autores nos lembram, insistentemente, da aporia de que a segurança pública se entranha no cotidiano das pessoas ditas "de bem". Também nunca é demais dizer que, ao lado de uma pesquisa bibliográfica de fôlego, os autores possuem larga experiência no campo da segurança pública, o que permitiu uma dialética e uma qualidade impossíveis de serem atingidas por teóricos de gabinete ou por empíricos puros.

Não seria ousadia referir que a presente obra é fundamental para os profissionais da segurança pública e imprescindível ponto de partida para todos aqueles que pretendam compreender cientificamente o fenômeno com base na realidade policial.

A obra rompe paradigmas e visões precipitadas, insisto, como a falsa tensão entre os Direitos Humanos e a atividade policial. Quando rompida essa concepção, o cidadão, de modo geral, e o agente de segurança pública, em particular, terão a exata noção de que um profissional bem preparado, nos campos técnico, jurídico e sociológico, será o bastião de uma polícia cidadã. Romper com falsas e vulgares ideias é um caminho turvo, nem sempre visível, mas desvelado em obras como a com que os autores ora nos brindam.

Como arremate, resta-me reiterar os agradecimentos pela honra de prefaciar obra tão bem aprimorada, não sem antes desejar boa leitura e boa viagem ao conhecimento a todos os de boa vontade, abertos a compreender a segurança pública como instrumento de libertação ética.

Alessandro José Fernandes de Oliveira,
oficial da reserva não remunerada da Polícia Militar do Estado do Paraná, é membro do Ministério Público Federal (Procurador da República), estudioso, articulista, professor e autor de temas relacionados à segurança pública e às ciências criminais.
É graduado e especialista em Segurança Pública pela Academia Policial Militar do Guatupê-PR (APMG) e graduado e mestre em Direito pela Universidade Federal do Paraná (UFPR).

Ao recebermos o convite para escrever este livro, já sabíamos, de pronto, dos desafios que estavam por vir. A proposta de trabalhar a sociologia sob o prisma específico do crime e da violência era inovadora, instigante e desafiadora.

Assim, esta obra emergiu da necessidade de proporcionar aos leitores, sejam profissionais da segurança pública ou privada, sejam sociólogos ou estudiosos de diversas outras áreas, fontes de consulta e meios de pesquisa atinentes a uma especialização da sociologia – até agora pouco explorada – ligada à segurança pública.

Não obstante termos escrito este livro com vistas aos iniciantes na área da sociologia, também tivemos por objetivo contribuir para o aprofundamento dos conhecimentos e dos estudos das pessoas já versadas nessa ciência.

Por isso, abordamos o tema com o escopo de alcançar o cenário dos estudos sobre a violência e o crime. Nesse sentido, apresentamos a gênese social, as manifestações e a multiplicidade de fenômenos que envolvem esses conceitos, buscando colacionar pesquisadores e referências clássicas e contemporâneas.

Tratando de temas complexos, procuramos examiná-los de forma sucinta e direta, com uma linguagem simples e fluida e, ao mesmo tempo, adequada ao entendimento dos leitores, provocando-os a

apresentação

dialogar e a construir conosco as ideias discutidas, no intuito de despertar o espírito crítico, estimular a pesquisa e fomentar os debates por meio de textos dialógicos que propiciam a interação com o conteúdo analisado.

Para tanto, no Capítulo 1, procuramos contextualizar a origem da sociologia e apresentar seus conceitos básicos, seus autores de maior expressão e suas relações com outras ciências, proporcionando uma visão geral e abrangente dessa ciência e possibilitando o conhecimento de seus precursores, com a devida localização de suas ideias no tempo e no espaço, sempre no intuito de buscar a compreensão dos fenômenos da criminalidade e da violência ao longo da história e na atualidade.

Feita a apresentação da origem, dos conceitos básicos e dos principais autores sociológicos, julgamos possível apresentar a você o universo das escolas sociológicas, com suas concepções e teorias, o que realizamos nos Capítulos 2, 3 e 4. Nesses pontos da obra, demonstramos a importância do pensamento de cada autor clássico da sociologia, destacando as visões mais debatidas no meio acadêmico e buscando ambientar o leitor nas discussões sociológicas

Mais especificamente no Capítulo 3, tratamos das escolas sociológicas, com destaque para a Escola de Chicago, da qual apresentamos as concepções sobre crime, criminalidade e violência numa vertente contemporânea, buscando retratar nuances atuais dos temas enfrentados pelos agentes de segurança.

No Capítulo 4, analisamos as principais concepções sociológicas pós-estruturalistas, destacando a importância dos pensamentos de autores do presente. Dessa maneira, convidamos você a estabelecer uma reflexão crítica comparativa entre as ideias da Escola de Chicago e as dos autores pós-estruturalistas.

Caminhando para o fechamento da obra, trazemos à discussão, no Capítulo 5, teorias nacionais e estrangeiras relacionando o capitalismo, o mercado de trabalho e a exploração da mão de obra à violência e ao cometimento de delitos.

No Capítulo 6, discutimos a violência e a criminalidade no Brasil, buscando entender os motivos da crescente delinquência que atinge o país e procurando apontar soluções para esse problema.

Por fim, reiteramos que o assunto discutido nesta obra tem grande relevância no cenário atual, apesar de ser raramente tratado da forma como nos dispusemos a fazer. Assim, esperamos contribuir para os estudos e as pesquisas relacionadas à sociologia, com o olhar especialmente direcionado para os fenômenos do crime e da violência, pois acreditamos que a consciência de determinado problema e de suas causas é o passo inicial para sua resolução.

Este livro traz alguns recursos que visam enriquecer o seu aprendizado, facilitar a compreensão dos conteúdos e tornar a leitura mais dinâmica. São ferramentas projetadas de acordo com a natureza dos temas que vamos examinar. Veja a seguir como esses recursos se encontram distribuídos no decorrer desta obra.

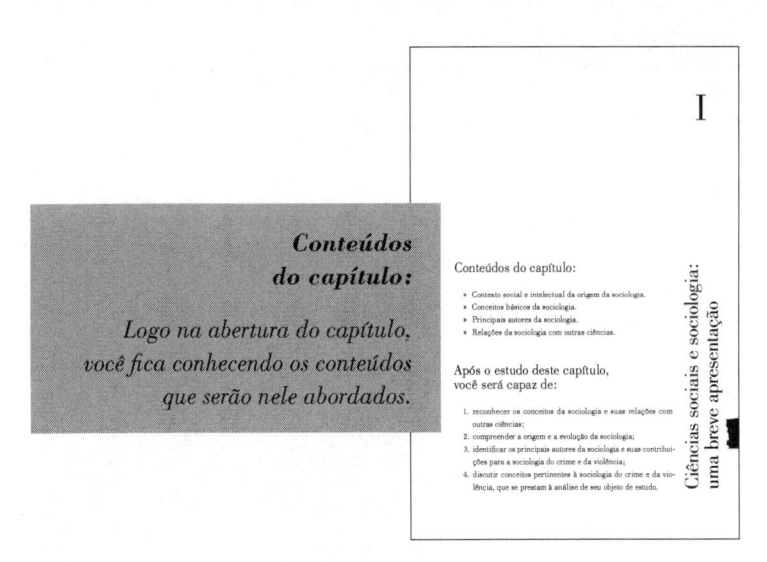

I

Conteúdos do capítulo:

Logo na abertura do capítulo, você fica conhecendo os conteúdos que serão nele abordados.

Conteúdos do capítulo:
- Contexto social e intelectual da origem da sociologia.
- Conceitos básicos da sociologia.
- Principais autores da sociologia.
- Relações da sociologia com outras ciências.

Após o estudo deste capítulo, você será capaz de:

1. reconhecer os conceitos da sociologia e suas relações com outras ciências;
2. compreender a origem e a evolução da sociologia;
3. identificar os principais autores da sociologia e suas contribuições para a sociologia do crime e da violência;
4. discutir conceitos pertinentes à sociologia do crime e da violência, que se prestam à análise de seu objeto de estudo.

Ciências sociais e sociologia: uma breve apresentação

II

Conteúdos do capítulo:
- Sociologia e escolas sociológicas.
- Sociologia como representação da sociedade.
- Sociologia clássica.
- Violência e criminalidade nas perspectivas de Karl Marx, Émile Durkheim e Max Weber.

Após o estudo deste capítulo, você será capaz de:

1. compreender a importância da sociologia como representação da sociedade;
2. identificar os principais autores clássicos da sociologia;
3. diferenciar os pensamentos sociológicos dos autores clássicos sobre violência e criminalidade.

Principais escolas sociológicas

Após o estudo deste capítulo, você será capaz de:

Você também é informado a respeito das competências que irá desenvolver e dos conhecimentos que irá adquirir com o estudo do capítulo.

como aproveitar ao máximo este livro

Para refletir

Nesta seção você dispõe de algumas reflexões dirigidas com base na leitura de excertos de obras dos principais autores comentados neste livro.

---

de criminalidade. Ele deu o exemplo de uma pessoa que ficava sempre na janela de sua casa observando o movimento da rua.

Esse tipo de pessoa coscuvilheira, mais conhecida por *fofoqueira*, inibe certos comportamentos de seus vizinhos, como daquele casal de namorados que pretende ficar até altas horas da noite namorando sem que os pais saibam. Inibe também o comportamento daquelas crianças que pretendem se apossar das frutas ainda verdes da casa do senhor resmungão.

Esses comportamentos podem ser inibidos pelo medo que as pessoas têm de ser denunciadas perante sua própria comunidade. Todavia, a pessoa fofoqueira não é capaz de impedir o roubo ao banco em frente a sua casa, pois os criminosos não estariam preocupados em ser denunciados, tendo em vista que o freio moral de suas condutas não está vinculado ao pertencimento àquela comunidade.

Para refletir

Ao visitarmos algumas cidades brasileiras, percebemos que a sensação de segurança é inversamente proporcional à desorganização urbana. Nas periferias nas cidades do entorno das grandes metrópoles, onde não há ordenação urbana – pedestres e veículos se misturam, as calçadas são ocupadas por entulho ou não há calçadas e há grande presença de poluição visual e sonora – nesse caso, a sensação de segurança se torna menor? Já em lugares nos quais o ordenamento urbano se caracteriza por uma "ordem" respeitada, a sensação de segurança aumenta?

A inovação da Escola de Chicago ocorreu pelos estudos com base no empirismo, contrapondo-se aos pensamentos teórico-filosóficos

---

por ânsia de adquirir bens, visto que, mesmo mantidos à margem da sociedade de consumo sob a égide da desigualdade social, são expostos de forma muito intensa ao incentivo ao consumismo, feito, sobretudo, pelas mídias. Os últimos agem não pela privação material, mas pela ambição e pela vontade de sobressaírem entre os demais; os crimes cometidos pelos mais ricos não são, em regra, violentos nem apresentam um resultado material – não há um corpo, por exemplo –, mas produzem resultados desastrosos à sociedade.

Por certo, a origem da escalada da criminalidade tem forte relação com o enfraquecimento dos princípios éticos. Um cidadão ciente e consciente de que nem tudo que ele quer ele pode ou deve ficará afastado de executar crimes, mesmo que esteja exposto a privações econômicas e a propagandas que incentivam o consumo a qualquer preço.

Síntese

Neste capítulo, apresentamos a origem e evolução da sociologia e seus principais autores, bem como a síntese de seus respectivos pensamentos, no intuito de propiciar uma melhor compreensão dessa ciência e de sua relação existente com os estudos sobre o crime e a violência.

Demonstramos ainda a relação da sociologia com outras ciências, tanto com aquelas com as quais ela tem vinculação quanto aquelas nas quais ela busca contribuições para formar seus fundamentos.

Síntese

Você dispõe, ao final do capítulo, de uma síntese que traz os principais conceitos nele abordados.

Para saber mais

COSTA, J. C. Augusto Comte e as origens do positivismo. **Revista de História**, São Paulo, v. 1, n. 3, p. 363-382, 1951. Disponível em: <http://www.revistas.usp.br/revhistoria/article/viewFile/34860/37598>. Acesso em: 23 jan. 2018.

PAUL, W. Ordem e progresso: origem e significado dos símbolos da bandeira nacional brasileira. **Revista da Faculdade de Direito da Universidade de São Paulo**, São Paulo, v. 95, p. 251-270, jan. 2000. Disponível em: <http://www.revistas.usp.br/rfdusp/article/view/67468>. Acesso em: 23 jan. 2018.

Recomendamos a leitura desses artigos para a compreensão mais detalhada do lema "Ordem e Progresso" presente na bandeira brasileira.

O positivismo procura explicar a sociedade sob o viés da observação empírica, ou seja, por meio da experiência, admitindo como critério de verdade as questões que podem ser verificadas pelo método científico, distanciando-se do metafísico (aquilo que se explica por forças ocultas, que vão além do estado físico das coisas).

O pensamento de Comte se fundamenta na **lei dos três estados** (que didaticamente poderia ser defina como *lei dos três "estágios"*), conforme o quadro a seguir.

Para saber mais

Você pode consultar as obras indicadas nesta seção para aprofundar sua aprendizagem.

Questões para revisão

Com estas atividades, você tem a possibilidade de rever os principais conceitos analisados. Ao final do livro, os autores disponibilizam as respostas às questões, a fim de que você possa verificar como está sua aprendizagem.

Questões para revisão

1) Acerca da relação entre a sociologia e as outras ciências, assinale V para as proposições verdadeiras e F para as falsas:
   ( ) *Criminologia* pode ser definida como um conjunto de conhecimentos sobre o fenômeno da criminalidade e de suas causas, da personalidade do delinquente e de sua conduta delituosa e a maneira mais eficaz para ressocializá-lo.
   ( ) *Sociologia jurídica* e *sociologia do direito* são expressões sinônimas.
   ( ) *Ética* pode ser definida como uma ciência que se dedica ao estudo do comportamento moral dos seres humanos na condição de integrantes de uma sociedade.
   ( ) *Labeling approach* é a teoria segundo a qual a criminologia não deve se atentar ao crime e ao criminoso, e sim ao sistema criminal adotado pelo Estado, nos campos preventivo e normativo, e à forma de reação estatal diante dos fenômenos criminais.
   ( ) Direito e sociologia criminal se relacionam ativamente. O estudo do direito nos permite compreender questões atinentes à seleção de condutas a serem consideradas contrárias às leis e que são alçadas à categoria de criminosas, as ações e as normas carcerárias e às medidas legais de prevenção e de combate ao crime.

   Assinale a alternativa que corresponde corretamente à sequência obtida:
   a. V, F, F, V, F.
   b. V, F, V, V, V.
   c. V, V, F, F, V.
   d. F, F, V, V, F.
   e. F, F, V, V, V.

( ) Max Weber apresentou, como maior contribuição para a sociologia, o estudo da economia, estabelecendo ligações entre formações políticas, religiosas e econômicas.
( ) Para Émile Durkheim, a primeira regra, fundamental, relativa à observação dos fatos sociais, consiste em não considerá-los como "coisas".

Assinale a alternativa que corresponde corretamente à sequência obtida:
a. V, F, V, V, F.
b. V, F, V, F, V.
c. V, V, F, F, V.
d. V, V, F, F, F.
e. F, F, V, F, V.

4) Por que motivo, no ano de 1730, Auguste Comte teria denominado a sociologia de *física social*?
5) Segundo Mario Sergio Cortella, quando uma pessoa tem paz de espírito?

Questões para reflexão

1) Reflita sobre a sociedade em que vivemos, que valoriza em demasia o ter em detrimento do ser, e identifique a relação desse comportamento com os índices de criminalidade atuais.
2) Considerando os pensamentos sociológicos apresentados neste capítulo, você percebe oportunidades para que os princípios éticos e as leis atuais do Brasil evoluam positivamente para garantir níveis de criminalidade aceitáveis?

Questões para reflexão

Nesta seção, a proposta é levá-lo a refletir criticamente sobre alguns assuntos e trocar ideias e experiências com seus pares.

Estudo de caso

Esta seção traz ao seu conhecimento situações que vão aproximar os conteúdos estudados de sua prática profissional.

Para podermos contribuir com a melhoria das condições de segurança em nosso país, é de grande valia que nos dediquemos a estudar situações concretas referentes à violência e ao cometimento de crimes.

Por isso, trazemos à discussão uma matéria jornalística sobre chefes de organizações criminosas que estão detidos em presídios de segurança máxima, sob regime disciplinar diferenciado, que continuam a chefiar suas quadrilhas de dentro do cárcere.

A Justiça de São Paulo determinou, nesta segunda-feira, que 11 presos acusados de integrar a cúpula do Primeiro Comando da Capital (PCC), a principal facção criminosa que atua no controle dos presídios e na venda de drogas no estado, passem 360 dias no regime disciplinar diferenciado (RDD). A lista inclui Marco Willians Herbas Camacho, o Marcola, apontado como o maior líder do grupo.

I

Conteúdos do capítulo:

» Contexto social e intelectual da origem da sociologia.
» Conceitos básicos da sociologia.
» Principais autores da sociologia.
» Relações da sociologia com outras ciências.

Após o estudo deste capítulo, você será capaz de:

1. reconhecer os conceitos da sociologia e suas relações com outras ciências;
2. compreender a origem e a evolução da sociologia;
3. identificar os principais autores da sociologia e suas contribuições para a sociologia do crime e da violência;
4. discutir conceitos pertinentes à sociologia do crime e da violência, que se prestam à análise de seu objeto de estudo.

Ciências sociais e sociologia: uma breve apresentação

Neste capítulo, nosso objetivo é apresentar uma visão geral e abrangente acerca da sociologia, de sua origem e de sua evolução, abordando seus precursores e a relação de suas ideias com as questões vinculadas aos fenômenos criminais e à violência. Também pretendemos demonstrar que a sociologia não é uma ciência isolada – muito pelo contrário –, pois ela tem ligação com diversas outras áreas do saber humano.

1.1 Origem da sociologia: contexto social e intelectual

Diferentemente dos demais animais, o homem nasce e vive em sociedade. Acredita-se que todo indivíduo que viva em sociedade receba uma carga de informações culturais que, durante toda a sua jornada de vida, define sua identidade.

Com o passar do tempo, diante dos perigos da vida selvagem, a aglutinação em grupos trouxe o ser humano para a segurança da vida grupal. Barbosa (2013, p. 142) entende que o indivíduo deixou de ser "aquele solitário vagando pelas florestas" e, assim, nasceu "o homem social". Segundo Starobinski (2001, p. 39), citado por Barbosa (2013, p. 142), "o eu do homem social não se reconhece mais em si mesmo, mas se busca no exterior, entre as coisas; seus meios se tornam seu fim".

Por certo, o fato de viver em sociedade é envolto numa complexidade de relações nas quais as mais diversas teorias e explicações são cabíveis. Por isso, são pertinentes questionamentos como: É possível viver fora da sociedade? Que força "obriga" o homem a viver em sociedade?

Ao longo da história, diversos pensadores procuraram entender e teorizar a dinâmica da vida em sociedade – muitos deles eram autodidatas e realizavam estudos particularizados. Apresentamos a seguir duas posições antagônicas sobre a interação dos indivíduos em sociedade.

Uma das teorias que procuram explicar a formação da sociedade é a do **contrato social**, que "se concretiza na formação da vontade geral, que não se expressa em nenhum conteúdo concreto" (Fonseca, 1978, p. 254). De forma simplória, seria a vontade de se unir e de se proteger inerente a todos os humanos que vivem em determinada sociedade.

Thomas Hobbes (1588-1679), nascido na Inglaterra, é um dos fundadores da filosofia política e da ciência política moderna – é o teórico do contrato social – com sua obra *Leviatã*, publicada em 1651. Hobbes popularizou a máxima *homo homini lupus* – que, em tradução livre do latim, quer dizer "o homem é o lobo do homem", ou seja, **o homem é mau por natureza**.

Jean-Jacques Rousseau (1712-1778), filósofo, teórico político e escritor suíço, nascido em Genebra, foi outro pensador que tratou do contrato social. Ele é considerado um dos principais filósofos do Iluminismo, e suas ideias tiveram grande influência na Revolução Francesa (1789). Escreveu, entre outras obras, o *Discurso sobre a origem e os fundamentos da desigualdade entre os homens*, no qual, seguindo a opinião comum, considera o estabelecimento do corpo político como um verdadeiro contrato entre o povo e os chefes que ele escolhe, contrato pelo qual as duas partes se obrigam à observância das leis que dele constam e que formam os liames de sua união. Rousseau escreveu ainda o livro *Do contrato social* e acreditava que o homem nasce bom e a sociedade o corrompe (Fonseca, 1978).

As considerações de Hobbes e de Rousseau foram tecidas em sociedades dos séculos XVII e XVIII, respectivamente, momentos históricos peculiares. Ao realizarmos uma análise sobre os pensamentos desses filósofos, devemos considerar as peculiaridades de sociedades com regras e tecnologias distintas das dos dias atuais.

Levando isso em conta, inferimos que os fenômenos sociais, bem como os acontecimentos históricos, marcaram a humanidade, transformando profundamente as relações sociais.

Dois grandes marcos históricos que provocaram mudanças profundas no modo de vida das pessoas foram a Revolução Industrial e o desenvolvimento do capitalismo, que romperam com o modelo feudal. Devemos ressaltar que ambos eram desconhecidos por Hobbes e por Rousseau quando esses pensadores formularam suas teorias. Conforme Vieira et al. (2015, p. 126):

> *A Revolução Industrial proporcionou grandes transformações em todo o mundo, alterou o modo de vida das pessoas, possibilitou a mecanização da agricultura, fez crescer as cidades, gerando processos de urbanização, e passou a representar a atividade que melhor caracteriza o estágio de desenvolvimento social, político, econômico, científico e tecnológico alcançado por uma sociedade.*

Com a Revolução Industrial, que, nos séculos XVIII e XIX, mudou radicalmente a estrutura da sociedade europeia, as cidades industrializadas não conseguiam fornecer a seus habitantes condições adequadas de sobrevivência pelo fato de a população haver crescido descontroladamente. Esses centros urbanos não propiciavam condições mínimas de moradia ou serviços de saúde para as pessoas que haviam chegado do campo, entre outros motivos, em busca de melhores condições de vida. As técnicas de produção e a introdução da máquina a vapor geraram um importante desenvolvimento das cidades, mudando radicalmente as relações dos indivíduos com o trabalho. As máquinas começaram a tomar o lugar dos homens, pois produziam mais e a custos menores.

Essa substituição fez com que o modo de produção manufatureiro (artesanal, doméstico etc.) cedesse lugar a um sistema de produção fabril, com máquinas, divisão de tarefas e péssimas condições de trabalho, com jornadas de 14 horas ou mais, entre outros aspectos. Pessoas habituadas ao trabalho rural se deslocaram para as cidades para se empregar nas fábricas, nas quais trabalhavam muito mais por salários ínfimos.

Enormes conflitos ocorreram por conta da Revolução Industrial e consequências perturbadoras se instauraram, como a falta de estrutura (saúde e moradia) das cidades para os novos moradores que se mudaram para as áreas urbanas, a substituição do homem pela máquina, as jornadas de trabalho exaustivas e os conflitos entre trabalhadores e os donos do capital.

As mudanças passaram a acontecer numa velocidade jamais vista, exigindo novos olhares dos pensadores. Modernos mecanismos de análise da sociedade se tornaram necessários. Nesse contexto, surgiram ramos de conhecimento como instrumentos para os pensadores e a introdução da pesquisa científica no âmbito do pensamento sobre o cotidiano se mostrou necessária. Ciências como a antropologia, a ciência política e a sociologia passaram a compor um campo de atuação para o estudo das relações humanas.

Combinada com as demais ciências, a sociologia se transformou numa importante ferramenta para a compreensão de como se dá o funcionamento de uma sociedade.

1.2 Surgimento da sociologia

Você já se perguntou o que ou quem rege a vida social? Se há um deus ou deuses que regem a sociedade? Se sim, ele ou eles permitem que os seres humanos tomem suas decisões? Ou são os próprios seres humanos que regem seu destino?

Para muitos estudantes, a sociologia não demonstra significado cotidiano. A explicação para isso talvez se encontre no fato de o ensino dessa disciplina não contemplar o pensamento sobre a vida pelo viés científico. Além do mais, o que se viu a partir da segunda metade do século passado foi a vinculação da imagem do sociólogo à de um transgressor, o que criou uma repulsa à atividade sociológica, que por vezes é tratada como uma forma de rebeldia contra o sistema vigente, sobretudo no campo da segurança pública, cujos agentes se amparam nas leis e na estrutura do Estado como fonte de suas ações. Todavia, a sociologia é uma ciência fundamental para o entendimento da vida em sociedade.

Em se tratando de segurança pública, é necessário ao agente que se dispõe a atuar nessa área ter conhecimento sobre a sociedade, para que possa formular conceitos sobre temas como poder, *status*, mobilidade, interação e relações sociais.

Você já se perguntou por que motivo as pessoas cometem crimes? Se o mal existe antes da existência do homem? Ou se o mal existe por si só? Deus permite que tudo aconteça ou ele é responsável por tudo? O diabo é capaz de fazer com que uma pessoa realize algo contra sua vontade? O diabo é capaz de dominar uma pessoa a ponto de fazer com que ela cometa um crime? Diante dessa possibilidade, a pessoa pode ser condenada?

Algumas pessoas argumentarão que isso não é possível, mas, se acreditarmos que Deus e o diabo existem, essa possibilidade passa a ser plausível.

Mas o que isso tem a ver com sociologia? Pois bem, a definição de como observamos o mundo nos ajuda a entender a realidade social, e várias correntes sociológicas procuram explicar como o mundo funciona.

Para o aprofundamento dos conceitos e a garantia de uma perspectiva histórica, recomendamos a leitura de autores como Auguste

Comte, Émile Durkheim, Karl Max, Max Weber, Michel Foucault, Gilberto Freyre, Florestan Fernandes, Pierre Bourdieu, Jurgen Habermas, entre tantos outros, com o intuito de conhecer suas ideias e com elas concordar ou delas discordar.

Autores como Mucchielli (2001) atribuem a Auguste Comte a criação do termo *sociologia*. Comte foi um pensador clássico, do século XIX. Com a ideia de *sociologia*, propôs a unificação de todos os estudos relativos ao homem (incluindo a história, a psicologia e a economia), acreditando ser possível criar soluções para os graves problemas sociais vividos em sua época.

1.3 Principais nomes da sociologia

A sociologia, a despeito de ainda ser uma ciência relativamente jovem, conta com autores de grande relevo e que deixaram valorosas contribuições não apenas para a própria sociologia, mas também para diversas outras ciências. Passaremos a estudar agora os autores que mais se destacam nessa área.

1.3.1 Auguste Comte (1798-1857)

Filósofo e sociólogo francês, Comte escreveu o *Discurso sobre o conjunto do positivismo*, entre outras produções, desenvolvendo suas teorias dentro da corrente filosófica chamada de **positivismo**.

A corrente positivista teve forte influência no pensamento brasileiro do século XIX. A dimensão dessa influência pode ser percebida pela inscrição "Ordem e Progresso" na bandeira nacional.

Para saber mais

COSTA, J. C. Auguste Comte e as origens do positivismo. **Revista de História**, São Paulo, v. 1, n. 3, p. 363-382, 1951. Disponível em: <http://www.revistas.usp.br/revhistoria/article/viewFile/34860/37598>. Acesso em: 23 jan. 2018.

PAUL, W. Ordem e progresso: origem e significado dos símbolos da bandeira nacional brasileira. **Revista da Faculdade de Direito da Universidade de São Paulo**, São Paulo, v. 95, p. 251-270, jan. 2000. Disponível em: <http://www.revistas.usp.br/rfdusp/article/view/67468>. Acesso em: 23 jan. 2018.

Recomendamos a leitura desses artigos para a compreensão mais detalhada do lema "Ordem e Progresso" presente na bandeira brasileira.

O positivismo procura explicar a sociedade sob o viés da observação empírica, ou seja, por meio da experiência, admitindo como critério de verdade as questões que podem ser verificadas pelo método científico, distanciando-se do metafísico (aquilo que se explica por forças ocultas, que vão além do estado físico das coisas).

O pensamento de Comte se fundamenta na **lei dos três estados** (que didaticamente poderia ser defina como *lei dos três "estágios"*), conforme o quadro a seguir.

Quadro 1.1 – Estados da evolução humana segundo Comte

Estado	Características	Exemplo
Teológico	Acredita-se que Deus rege toda a vida social do ser humano, convertendo-se no centro de todas as alusões humanas.	A chuva é explicada como uma vontade de São Pedro.
Metafísico	Os dogmas do estado teológico são contestados, e a confiança na ação de Deus é posta em dúvida.	A chuva é explicada como uma ação mística.
Positivo	A ação humana e a vida social são regidas pela experimentação vinculada a um método. A ciência e a razão explicam os fenômenos naturais.	A ciência explica como ocorre a chuva.

Fiorin (2007, p. 328), ao dizer que "a criança dá explicações teológicas, o adolescente é metafísico, ao passo que o adulto chega a uma concepção 'positivista' das coisas", ilustra de forma bem interessante a lei dos três estados. Por sua vez, Sell (2001) esclarece que Comte comparava a evolução do conhecimento à evolução do ser humano e apresenta um esquema ilustrativo dessa evolução (Figura 1.1).

Figura 1.1 – Evolução do conhecimento

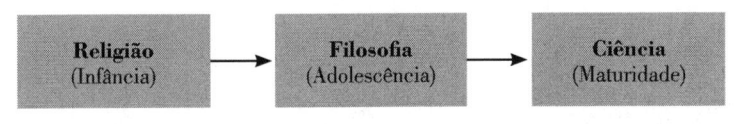

Religião (Infância) → **Filosofia** (Adolescência) → **Ciência** (Maturidade)

Fonte: Sell, 2001, p. 13.

A inferência que se faz é que o estado teológico é subjugado pelo estado metafísico; em seguida, ambos são subjugados pelo estado positivo. Essa conclusão explicaria o domínio das nações europeias sobre as nações ditas "menos desenvolvidas", pois estas ainda estariam sobre a influência de pensamentos teológicos e metafísicos, enquanto os europeus já se encontrariam num estágio mais avançado: o científico (positivo).

Como vimos, a corrente sociológica de Comte busca fugir da ideia de espírito, baseada na existência de um ser superior que rege as coisas do mundo. Lacerda (2009, p. 337) destaca que, ao conceber a "'lei dos três estados' [...] mais que propor a 'morte de deus'", a política comtiana propõe uma sociedade plenamente humana e caracterizada pelo conhecimento científico e imanente da realidade.

> Comte em 1830 manifestou a necessidade de uma nova Ciência, a qual denominou de Física Social, em vista de existir nessa época "uma Física celeste e uma Física Animal" de modo que, para completar o sistema do conhecimento da natureza por meio de sua Filosofia Positiva ou verificável, era imprescindível contar com uma Física Social, que, depois, denominou Sociologia.
> (Ferrari, 1983, p. 5)

Conforme Gurvitch (1958, p. 67), "Comte atribui à sociologia a possibilidade de poder estabelecer a mais íntima harmonia, permanente e espontânea, entre a ação e a especulação, entre os pontos de vista ativo e especulativo".

1.3.2 Émile Durkheim (1858-1917)

David Émile Durkheim, francês de origem alemã, é considerado o fundador da sociologia e é reconhecido pela dedicação a conferir caráter científico à sociologia. Ele escreveu suas obras em um contexto histórico de crises econômicas, pobreza e falta de empregos, fatores que provocavam intensos embates entre as classes sociais.

Para Durkheim, a sociologia é uma ciência com independência e métodos próprios em relação às outras ciências sociais. Conforme Lakatos (1999, p. 48), Durkheim, "ao preconizar o estudo dos fatos sociais como 'coisas', através de regras de rigor científico, determinou seu objeto, próprio dos estudos sociológicos, e sua metodologia".

Em sua primeira obra sociológica – *Da divisão do trabalho social* (1893) –, Durkheim enuncia seus princípios fundamentais: solidariedade mecânica e orgânica e consciência coletiva.

Em 1895, Durkheim publicou sua obra de maior importância – *As regras do método sociológico* –, na qual institui as diretrizes para a análise dos fenômenos sociais.

> *Para esse autor, a primeira regra, fundamental, relativa à observação dos fatos sociais, consiste em considerá-los como "coisas". Somente assim, desvinculada de concepções filosóficas e não subordinada às noções biológicas e psicológicas, a Sociologia pode manipular, com finalidade de estudo e análise, os fenômenos sociais. "Coisas" opõem-se a "ideias", como as coisas exteriores se opõem às interiores.* (Lakatos, 1999, p. 50)

Com essa concepção, Durkheim deu o impulso inicial e norteador à nova ciência, possibilitando aos pensadores que lhe sucederam estruturar e divulgar a sociologia, que na atualidade é pacificamente aceita como uma ciência independente e com conceitos e teorias próprios.

1.3.3 Karl Marx (1818-1883)

Economista, filósofo, historiador, doutrinador político-social, o alemão Karl Marx desenvolveu farto conhecimento sobre a sociedade, e suas ideias se desdobraram em inúmeras correntes que foram incorporadas por diversos teóricos nas áreas da filosofia e da economia, além de ter deixado notáveis contribuições para a sociologia, embora não tenha empregado esse termo em sua obra.

Em 1848, Marx escreveu com Friedrich Engels o *Manifesto do Partido Comunista*, obra inicial do chamado *marxismo*, como movimento político e social favorável ao proletariado.

Com a finalidade de compreender o capitalismo, esse filósofo produziu obras tendentes a promover uma grande transformação política, econômica e social. Podemos apontar como produções de maior expressão desse autor *A ideologia alemã*, *Miséria da filosofia*, *Contribuição para a crítica da economia política* e *O capital*.

Conforme Costa (2002, p. 84), as "contradições básicas da sociedade capitalista e as possibilidades de superação apontadas pela obra de Marx não puderam, pois, permanecer ignoradas pela sociologia". Essa afirmação corrobora o entendimento de que as ideias de Marx se destinam a vários ramos do conhecimento humano, contribuindo para a construção do pensamento sobre a sociedade contemporânea.

1.3.4 Max Weber (1864-1920)

Max Weber, sociólogo alemão com sólida formação histórica, que foi essencial para sua compreensão das sociedades, produziu diversas obras sociológicas, com destaque para *A ética protestante e o espírito do capitalismo* (1905), e foi o grande sistematizador da sociologia na Alemanha.

Conforme Ferrari (1983, p. 26), Weber define *sociologia* como a "ciência que pretende compreender interpretando a ação social, para deste modo explicar causalmente o seu desenvolvimento e efeitos".

Ainda segundo Ferrari (1983), Weber, antes de postular *a priori* o método da sociologia de maneira teórica, teria providenciado pesquisas de campo, demonstrando sua preocupação em compreender e explicar os fenômenos históricos em sua individualidade.

Sua maior contribuição para a sociologia se deu por meio do estudo das religiões, pelo qual estabeleceu ligações entre essas manifestações e formações políticas.

Costa (2002, p. 72) afirma que, para "Weber, [...] não existe oposição entre indivíduo e sociedade: as normas sociais só se tornam concretas quando se manifestam em cada indivíduo sob forma de motivação".

1.4 Conceitos básicos da sociologia

De modo geral, *conceitos* não são entidades do mundo real, mas construções teóricas feitas pelos diversos ramos das ciências para lidar com os aspectos da realidade que elegem como objeto de estudo. Dessa forma, uma mesma palavra, como *violência*, pode designar conceitos diferentes dependendo do contexto em que é empregada. Tendo isso em vista, apresentamos a seguir alguns dos conceitos básicos da sociologia que são úteis para o entendimento de nosso tema de estudo.

1.4.1 Sociedade

O termo *sociedade* vem do latim *societate*, que significa "associação amistosa com outros". Conforme definição do Dicionário Aurélio da língua portuguesa (Ferreira, 2010, p. 1592), *sociedade* é o "Conjunto de pessoas que vivem em certa faixa de tempo e de espaço, seguindo normas comuns, e que são unidas pelo sentimento de consciência do grupo; corpo social".

Nas lições de Camargo (2018), o termo é comumente resumido como um sistema de interações humanas culturalmente padronizadas, sendo, portanto, um sistema de símbolos, valores e normas ou, ainda:

> *O termo* sociedade *é comumente usado para o coletivo de cidadãos de um país, governados por instituições nacionais que aspiram ao bem-estar dessa coletividade. Todavia, a sociedade não é um mero conjunto de indivíduos vivendo juntos em um determinado lugar, é também a existência de uma organização social, de instituições e leis que regem a vida dos indivíduos e suas relações mútuas. Há também alguns pensadores cujo debate insiste em reforçar a oposição entre indivíduo e sociedade, reduzindo, com frequência, ao conflito entre o genético e o social ou cultural.* (Camargo, 2018)

O conceito faz referência ao ambiente naturalmente ocupado pelo ser humano, ou seja, o conjunto de pessoas que, conscientemente ou não, de forma dinâmica, compartilham objetivos comuns.

> *É um conjunto de seres humanos (grupos que vivem em contínua inter-relação, para o qual se encontram estrutural e funcionalmente organizadas ...) sociedade é todo grupo de pessoas que vivem e trabalham juntas durante um período de tempo suficientemente longo para se organizarem e*

para se considerarem como formando uma unidade social, com limites bem definidos. (Ferrari, 1983, p. 100)

Podemos afirmar, portanto, que tanto uma grande metrópole como uma pequena vila ou uma aldeia indígena são exemplos de sociedades, mais ou menos complexas.

1.4.2 Sociologia

O período moderno é o momento histórico no qual as transformações sociais, econômicas e políticas, influenciadas diretamente pela tecnologia e pela Revolução Industrial, construíram o cenário ideal para o surgimento de uma nova ciência chamada *sociologia*.

Por ser um ramo de estudo relativamente novo, a sociologia ainda está em evolução. Ela pode ser definida inicialmente como **a ciência que estuda a sociedade** – conceito há pouco tratado –, ou seja, é a consciência cientificamente experimentada dos fenômenos que se sucedem no âmbito social. A ciência, por essência, é racional e reflexiva, suportada por uma lógica que permite, de forma sistêmica e generalizada, a verificação de fatos ou de fenômenos empíricos e formais.

A sociologia pode ainda ser definida da seguinte maneira:

> *Estudo científico das relações sociais, das formas de associação, destacando-se os caracteres gerais comuns a todas as classes de fenômenos sociais, fenômenos que se produzem nas relações de grupos entre seres humanos. Estuda o homem e o meio humano em suas interações recíprocas. A Sociologia não é normativa, nem emite juízos de valor sobre os tipos de associação e relações estudados, pois se baseia em estudos objetivos que melhor podem revelar a verdadeira natureza dos fenômenos sociais. A Sociologia, desta forma, é o estudo e o conhecimento objetivo da realidade social.* (Lakatos, 1999, p. 25)

Ela é de fundamental importância para a busca da compreensão dos problemas vinculados aos fenômenos coletivos, permitindo a elaboração, a supervisão, a orientação e a coordenação de estudos e de pesquisas relacionados à realidade social.

1.4.3 Violência

Inicialmente, faremos uma pequena abordagem do conceito de violência, pois discutiremos esse tema novamente nos capítulos seguintes, nos quais analisaremos as concepções de diversos pensadores sobre o tema.

O vocábulo *violência* vem do latim *violentia*, que expressa "veemência, impetuosidade". Significa, portanto, a conduta de aplicar força ou vigor em alguém para lhe provocar ferimento, sofrimento físico ou psicológico ou até a morte. Pode ocorrer também pelo uso excessivo da força, quando esta ultrapassa os limites do necessário, esperado ou legítimo.

A violência é um traço característico do ser humano, é de sua natureza, é instintiva. No curso do processo civilizatório, entretanto, foi desenvolvida a capacidade de diminuir a influência desse instinto, o que ajudou a moldar a violência em níveis que possibilitam a convivência em sociedade e influenciou o surgimento da denominada *civilização*.

A violência apresenta inúmeras manifestações, como guerras, conflitos religiosos ou étnicos, assassinatos, violações de direitos humanos ou de direitos civis – como liberdade, igualdade e privacidade. Pode ocorrer contra determinados grupos, como as mulheres, os idosos, as crianças e os animais ou contra a natureza.

A violência pode se manifestar por meio de ofensas físicas, psicológicas, sexuais e até por negligência, sendo esta perpetrada pela omissão do responsável por alguém – uma criança, um idoso ou uma pessoa com necessidades especiais – em lhe prover os meios necessários a sua sobrevivência e a seu desenvolvimento. Pode ainda ser verbal, ou seja, aquela que provoca danos morais, os quais, a despeito de não deixarem marcas aparentes, podem ser mais difíceis de ser superados do que os danos físicos.

O conceito de violência, portanto, não é uniforme ou absoluto, e sofre variações de acordo com os costumes sociais ou a região em que se manifesta. Por exemplo: a violência empregada em cultos ou em rituais de iniciação em determinadas culturas é considerada inaceitável em outras.

1.4.4 Crime

Há diversas definições possíveis para o termo *crime*. Para os nossos estudos, no entanto, os conceitos com maior expressão são o **sociológico** e o **jurídico**.

Sob o enfoque jurídico, há muitas formas de entendermos o fenômeno criminal. No âmbito de nosso estudo, entendemos adequado colacionar o conceito sob o aspecto material, seguindo as lições de Capez (2015, p. 112):

> *é aquele que busca estabelecer a essência do conceito, isto é, o porquê de determinado fato ser considerado criminoso o outro não. Sob esse enfoque, crime pode ser definido como todo fato humano que, propositadamente ou descuidadamente, lesa ou expõe a perigo bens jurídicos considerados fundamentais para a existência da coletividade e da paz social.*

O crime, sob o aspecto sociológico, foi apresentado por Durkheim como normal – em virtude de ser um fenômeno universal, presente em todas as sociedades – e funcional – por se prestar a mostrar as marcas da consciência de uma sociedade.

Segundo Fabretti (2011, p. 611), "Durkheim discorre que os crimes não diminuem quando se passa de sociedades inferiores para superiores, pelo contrário, cresce. Logo, reafirmada sua normalidade, o crime não é nada mais do que um 'fato social' e, ainda, um fato social não patológico".

A funcionalidade do crime residiria em sua prestabilidade para definir os limites da autoridade da consciência coletiva, auxiliando nos processos de mudanças morais. Assim, para Durkheim, o crime é uma ofensa à consciência coletiva e ocorre com maior intensidade quando as normas impostas não se afiguram mais como legítimas, o que impõe um novo regramento. Portanto, o incremento criminal é uma sinalização de que o sistema social não está funcionando corretamente.

1.5 Relações entre a sociologia e outras ciências

A sociologia, como ciência humana, está vinculada a diversas outras ciências sociais e humanas que contribuem para sua formação e para sua compreensão. Entre elas, destacamos a criminologia, o direito e a ética como as que têm maior relação com a sociologia e que mais podem contribuir para o nosso estudo.

1.5.1 Criminologia

Etimologicamente, *criminologia* é uma derivação do latim *crimino*, que significa "crime", e do grego *logos*, que significa "tratado ou estudo"; significa, portanto, "estudo do crime".

Podemos definir *criminologia*, conforme esclarece Sutherland (citado por Fernandes; Fernandes, 2002, p. 26), como "um conjunto de conhecimentos que estudam o fenômeno e as causas da criminalidade, a personalidade do delinquente, sua conduta delituosa e a maneira de ressocializá-lo".

A **criminologia tradicional** surgiu no século XIX, primeiramente com a **escola clássica** e, posteriormente, com a **escola positiva**. A primeira centrava seus estudos na perspectiva do livre-arbítrio e, concebia, portanto, o crime como uma escolha livre e racional do ser humano. A segunda concebia o crime como um sintoma patológico e que poderia ser tratado como uma doença, sendo indiferentes, assim, as penas criminais. Essa escola teve como seu principal nome o médico italiano Cesare Lombroso (1835-1909), cuja obra mais conhecida é *L'uomo delinquente*, de 1876.

Na segunda metade do século XX, contrapondo-se à criminologia tradicional, constituiu-se a **criminologia crítica**, também denominada de *nova criminologia*. Surgiu, então, o *labeling approach* – a **teoria do etiquetamento** –, segundo a qual a criminologia não deveria atentar-se ao crime e ao criminoso, e sim ao sistema criminal adotado pelo Estado nos campos preventivo e normativo e à forma de reação estatal aos fenômenos criminais. Em outras palavras, essa teoria defende que se deve questionar os motivos pelos quais alguém é estigmatizado como criminoso, com que legitimidade isso ocorre e quais as consequências das reprimendas a esse indivíduo, e não quais são os motivos da criminalidade.

Essa nova área de estudo – a criminologia crítica – apresenta como principais vertentes:

» **Criminologia radical** – Iniciada nos anos 1970, nos Estados Unidos, na Espanha, na Itália e na Inglaterra, essa vertente criminológica supõe que, mantidas as bases de uma sociedade capitalista, não haveria solução para a problemática da criminalidade e, por isso, deveria haver alterações na sociedade, na economia e na política. A legislação criminal seria um instrumento de dominação e de garantia das classes dominantes, e não da sociedade. Portanto, a sociedade punitiva demanda uma transformação radical, devendo o homem ser protegido contra a sociedade capitalista.

» **Criminologia abolicionista** – Constitui-se como corrente especial da criminologia crítica e propõe a extinção das prisões e do próprio direito penal, substituindo-os pela solução dos conflitos por meio do diálogo e da solidariedade entre grupos sociais. Entendem os abolicionistas haver uma ilegitimidade dos mecanismos de controle social, em especial os de natureza penal.

» **Criminologia minimalista** – Não difere essencialmente da vertente abolicionista, visto que identifica o direito penal como fragmentário e seletivo, com atuação especial sobre as classes sociais menos favorecidas. Sua crítica é dirigida não apenas ao direito penal mas também a todo o sistema penal – que engloba desde as instituições policiais até o sistema penitenciário – bem como às culturas política e jurídica penal, processual e de cumprimento de penas.

Para saber mais

BARATTA, A. **Criminologia crítica e crítica ao direito penal.** 6. ed. Tradução de Juarez Cirino dos Santos. Rio de Janeiro: Revan, 2011.

FERRAJOLI, L. **Direito e razão**: teoria do garantismo penal. 4. ed. Tradução de Ana Paula Zomer Sica et al. São Paulo: Revista dos Tribunais, 2014.

Indicamos as obras acima para os leitores que tiverem interesse em aprofundar seus conhecimentos acerca de criminologia.

1.5.2 Direito

O **direito** é uma ciência social e humana comumente definida como o conjunto de normas criadas pelo Poder Público com a finalidade de regular as relações em sociedade. De acordo com um dos grandes mestres das ciências jurídicas no Brasil, Miguel Reale (2001, p. 302), a Ciência do Direito é, portanto

> *uma ciência complexa, que estuda o fato jurídico desde as suas manifestações iniciais até aquelas em que a forma se aperfeiçoa. Há, porém, possibilidade de se circunscrever o âmbito da Ciência do Direito no sentido de serem estudadas as regras ou normas já postas ou vigentes. A Ciência do Direito, enquanto se destina ao estudo sistemático das normas, ordenando-as segundo princípios, e tendo em vista a sua aplicação, toma o nome de Dogmática Jurídica, conforme clássica denominação.*

Há diversas definições para a **ciência do direito**, das quais destacamos a trazida por Gama (2008, p. 63):

> *Cientificamente, o direito mostra-se como o conjunto de regras geradas pelas normas positivadas, costumes, princípios gerais, doutrina e jurisprudência, as quais permitem a convivência humana, com a possibilidade de sanção em caso de descumprimento. Há aqui uma preocupação constante com a solução dos problemas emergentes, sendo eles superados com o surgimento de novas regras a serem positivadas no nosso sistema como normas, dividindo espaço com mudanças nas formas de interpretação e de aplicação da norma ao caso concreto.*

Também com o direito a sociologia criminal se relaciona ativamente: o estudo do direito permite compreender questões atinentes à seleção de condutas a serem consideradas contrárias às leis – que são alçadas à categoria de criminosas –, às ações e às normas carcerárias e às medidas legais de prevenção e de combate ao crime.

O estudo da sociologia criminal, alicerçado pelo conhecimento do direito, leva-nos à busca de respostas a diversos questionamentos, como: A redução dos índices de criminalidade tem conexão, necessariamente, com a diversificação e o endurecimento de penas e com o acréscimo do encarceramento? Questões dessa natureza guardam estreita relação também com a criminologia crítica e suas vertentes, as quais tratamos anteriormente.

Uma discussão muito atual a esse respeito refere-se à descriminalização do porte de substâncias entorpecentes ilícitas para uso pessoal – notadamente a maconha (*Cannabis sativa*) –, que aguarda julgamento no Supremo Tribunal Federal (STF)*. É importante distinguirmos o uso recreativo da maconha de seu uso medicinal, visto que este leva em consideração os supostos efeitos terapêuticos dos princípios ativos da planta (*cânhamo*) – principalmente o canabidiol –, especialmente os efeitos analgésico, antiemético (que coíbe o vômito), estimulante do apetite para o tratamento da desnutrição e da perda de apetite em paciente com Aids ou câncer, entre outros. A questão relacionada com a sociologia criminal nessa discussão é muito instigante, complexa e ainda contraditória, pois está centrada na polêmica da redução ou não da criminalidade por meio da descriminalização do porte e do consumo dessa substância.

Temos por certo que, caso ocorra a descriminalização, os delitos de tráfico de drogas diminuirão, uma vez que haverá um tipo penal a menos para ser reprimido. No entanto, os efeitos da liberação do

---

* BRASIL. Supremo Tribunal Federal. Recurso Extraordinário n. 635.659, de 22 de fevereiro de 2011: tipicidade do porte de droga para consumo pessoal. Relator: Ministro Gilmar Mendes. **Diário da Justiça Eletrônico**, Poder Judiciário, Brasília, DF, 28 abr. 2011.

porte e do consumo da maconha sobre os demais delitos – especialmente os ligados aos crimes patrimoniais, sexuais e de trânsito, entre outros – ainda são uma incógnita. O estudo dos prováveis impactos criminais da manutenção ou da revogação do tipo penal citado é objeto da sociologia criminal, que tem estreita relação com os estudos do direito e da criminologia.

Outra discussão que entrelaça direito e sociologia criminal se refere à efetividade do aumento do encarceramento na diminuição da criminalidade, sobre o qual podemos questionar: O crescente encarceramento vivenciado no Brasil nos últimos anos contribui para a diminuição dos índices de criminalidade? O endurecimento das penas tem o condão de inibir o cometimento de crimes? A progressão de regime carcerário favorece o sadio retorno do apenado ao convívio social?

Essas e outras questões são objeto de estudo da sociologia criminal e servem de base para o estabelecimento de políticas criminais e carcerárias que serão aplicadas por meio de normas legais.

Entre os ramos específicos da ciência do direito está a **sociologia jurídica**, que se dedica ao estudo das relações do direito com os processos sociais e com as ciências jurídicas como uma espécie de controle social formal, que, por sua vez, procura uniformizar padrões de comportamento por meio de normas impositivas consideradas adequadas por determinada sociedade.

De acordo com Loche et al. (1999, p. 46), há distinção entre sociologia jurídica e sociologia do direito:

> *A Sociologia Jurídica é um campo mais amplo que os estudos da Sociologia do Direito, inclui outras formas de justiça e de jurisdição. Basta pensar que mesmo as sociedades que não desenvolveram o campo do direito como esfera autônoma, ou mesmo determinados grupos sociais existentes em nossa sociedade, possuem outras formas de justiça que, de uma forma geral, são classificadas*

como fazendo parte do conceito de Pluralidade do Direito. Esse conceito de pluralismo jurídico pode ser entendido como a convivência de diferentes regras e formas de se fazê-las cumprir, incluindo-se fórmulas do direito oficial.

Variados problemas sociais se refletem no campo jurídico, encontrando respostas, portanto, no direito. As indagações feitas pela sociologia, que tem por alvo manifestar-se acerca de problemas sociais e encontrar soluções para eles, por vezes, encontram suas respostas no estudo do direito.

1.5.3 Ética

Podemos definir ética como uma ciência que se dedica ao estudo do comportamento moral dos seres humanos na condição de integrantes de uma sociedade.

> *Ética é, portanto, a ciência do **dever-ser**, e tende a estabelecer normas para que este necessariamente seja, pelo fato de ter sido reconhecido num valor a razão de um comportamento esperado. Sendo assim, a ética pressupõe juízo de valor, ao qual se vincula uma sanção. Parece paradoxal, mas é a forma de garantir o comportamento esperado. Pela experiência da incoercibilidade relativa à natureza do homem, a norma ética enuncia algo que deve ser e não algo que invariavelmente tenha de ser. Em outras palavras, seu destinatário tem a liberdade de obedecer ou não a seus princípios. Por isso o **dever-ser** inclui-se entre algo possível, **cuja raiz concreta está na finalidade intrínseca das coisas**, isto é, na natureza das coisas. O que **deve-ser**, o **que é mister que seja**, vale mais do que o seu contrário, o que **não-deve-ser**, o que é mister que não seja. (Valla, 2003, p. 12, grifo do original)*

O estudo da ética e de seus conceitos tem grande importância e íntima relação com o estudo da sociologia criminal e serve de fonte para a regulação da convivência em sociedade, a instituição de condutas criminosas e suas respectivas reprimendas.

Destarte, o acatamento aos princípios éticos traz uma significativa contribuição para a pacífica vida em sociedade, conforme se depreende do excerto a seguir, de Cortella (2009, p. 107-108):

> *Nós vivemos muitas vezes dilemas éticos. Há coisas que eu quero, mas não devo. Há coisas que eu devo, mas não posso. Há coisas que eu posso, mas não quero. Quando você tem paz de espírito? Quando tem um pouco de felicidade? Quando aquilo que você quer é o que você deve e o que você pode. Todas as vezes que aquilo que você quer não é aquilo que você deve; todas as vezes que aquilo que você deve não é o que você pode; todas as vezes que aquilo que você pode não é o que você quer, você vive um conflito, que muitas vezes é um dilema. Uma empresa para trazer a ética para o dia a dia precisa manter vivas essas questões entre seus funcionários, fomentando a reflexão e o comportamento crítico. [...]. Portanto, o que é ética? São os princípios que você e eu usamos para responder ao "Quero? Devo? Posso?" [...] isso não significa que você e eu não vivamos dilemas. Eles existem, e serão mais tranquilamente ultrapassados quanto mais sólidos forem os princípios que tivermos e a preservação da integridade que desejarmos.*

No entanto, vivemos em uma sociedade de consumo, que valoriza em demasia o **ter** em detrimento do **ser**. Essa busca desenfreada pelo ter – além das consequências nefastas à natureza, causadas pelo intensivo uso de recursos naturais – é, por certo, causa de muitos crimes, cometidos tanto por membros das classes menos abastadas quanto por pessoas mais endinheiradas. Os primeiros o fazem por ânsia de adquirir bens, visto que, mesmo mantidos à margem da sociedade de consumo sob a égide da desigualdade social, são expostos de forma muito intensa ao incentivo ao consumismo, feito, sobretudo, pelas mídias. Os últimos agem não pela privação material, mas pela ambição e pela vontade de sobressaírem entre os demais; os crimes cometidos pelos mais ricos não são, em regra, violentos nem apresentam um resultado material – não há um corpo, por exemplo –, mas produzem resultados desastrosos à sociedade.

Por certo, a origem da escalada da criminalidade tem forte relação com o enfraquecimento dos princípios éticos. Um cidadão ciente e consciente de que nem tudo que ele quer ele pode ou deve ficará afastado de executar crimes, mesmo que esteja exposto a privações econômicas e a propagandas que incentivam o consumo a qualquer preço.

Síntese

Neste capítulo, apresentamos a origem e evolução da sociologia e seus principais autores, bem como a síntese de seus respectivos pensamentos, no intuito de propiciar uma melhor compreensão dessa ciência e de sua relação existente com os estudos sobre o crime e a violência.

Demonstramos ainda a relação da sociologia com outras ciências, tanto com aquelas com as quais ela tem vinculação quanto aquelas nas quais ela busca contribuições para formar seus fundamentos.

Questões para revisão

1) Acerca da relação entre a sociologia e as outras ciências, assinale V para as proposições verdadeiras e F para as falsas:
   ( ) *Criminologia* pode ser definida como um conjunto de conhecimentos sobre o fenômeno da criminalidade e de suas causas, da personalidade do delinquente e de sua conduta delituosa e a maneira mais eficaz para ressocializá-lo.
   ( ) *Sociologia jurídica* e *sociologia do direito* são expressões sinônimas.
   ( ) *Ética* pode ser definida como uma ciência que se dedica ao estudo do comportamento moral dos seres humanos na condição de integrantes de uma sociedade.
   ( ) *Labeling approach* é a teoria segundo a qual a criminologia não deve se atentar ao crime e ao criminoso, e sim ao sistema criminal adotado pelo Estado, nos campos preventivo e normativo, e à forma de reação estatal diante dos fenômenos criminais.
   ( ) Direito e sociologia criminal se relacionam ativamente. O estudo do direito nos permite compreender questões atinentes à seleção de condutas a serem consideradas contrárias às leis e que são alçadas à categoria de criminosas, às ações e às normas carcerárias e às medidas legais de prevenção e de combate ao crime.

   Assinale a alternativa que corresponde corretamente à sequência obtida:
   a. V, F, F, V, F.
   b. V, F, V, V, V.
   c. V, V, F, F, V.
   d. F, F, V, V, F.
   e. F, F, V, V, V.

2) Sobre ética e sua relação com a criminalidade, assinale a alternativa correta:
   a. Uma sociedade em que a ética for seguida à risca estará a salvo de qualquer tipo de criminalidade.
   b. A ética é a ciência do dever-ser e tende a estabelecer normas para que este necessariamente seja, pelo fato de ter sido reconhecido num valor a razão de um comportamento esperado.
   c. O estudo da ética e de seus conceitos não tem relação com o estudo da sociologia criminal.
   d. Vivemos em uma sociedade de consumo, que valoriza em demasia o ter em detrimento do ser. Essa busca desenfreada pelo ter, entretanto, não traz consequências negativas à natureza nem ao aumento da criminalidade.
   e. A escalada da criminalidade não tem nenhuma relação com o enfraquecimento dos princípios éticos.

3) Sobre os principais nomes da sociologia, assinale V para as proposições verdadeiras e F para as falsas:
   ( ) Émile Durkheim é descrito como o fundador da sociologia como uma ciência com independência e métodos próprios em relação às outras ciências sociais. É reconhecido pela dedicação a emprestar caráter científico à sociologia.
   ( ) A corrente sociológica de Auguste Comte busca fugir da ideia de espírito, baseada na existência de um ser superior que rege as coisas do mundo.
   ( ) Karl Marx, com a finalidade de compreender o capitalismo, criou obras de filosofia, economia e sociologia, tendo por objetivo produzir uma grande transformação política, econômica e social. Foi o primeiro a utilizar o termo *sociologia* em seus estudos.

( ) Max Weber apresentou, como maior contribuição para a sociologia, o estudo da economia, estabelecendo ligações entre formações políticas, religiosas e econômicas.

( ) Para Émile Durkheim, a primeira regra, fundamental, relativa à observação dos fatos sociais, consiste em não considerá-los como "coisas".

Assinale a alternativa que corresponde corretamente à sequência obtida:

a. V, F, V, V, F.
b. V, F, V, F, V.
c. V, V, F, F, V.
d. V, V, F, F, F.
e. F, F, V, F, V.

4) Por que motivo, no ano de 1730, Auguste Comte teria denominado a sociologia de *física social*?

5) Segundo Mario Sergio Cortella, quando uma pessoa tem paz de espírito?

Questões para reflexão

1) Reflita sobre a sociedade em que vivemos, que valoriza em demasia o ter em detrimento do ser, e identifique a relação desse comportamento com os índices de criminalidade atuais.

2) Considerando os pensamentos sociológicos apresentados neste capítulo, você percebe oportunidades para que os princípios éticos e as leis atuais do Brasil evoluam positivamente para garantir níveis de criminalidade aceitáveis?

II

Principais escolas sociológicas

Conteúdos do capítulo:

» Sociologia e escolas sociológicas.
» Sociologia como representação da sociedade.
» Sociologia clássica.
» Violência e criminalidade nas perspectivas de Karl Marx, Émile Durkheim e Max Weber.

Após o estudo deste capítulo, você será capaz de:

1. compreender a importância da sociologia como representação da sociedade;
2. identificar os principais autores clássicos da sociologia;
3. diferenciar os pensamentos sociológicos dos autores clássicos sobre violência e criminalidade.

Nosso objetivo neste capítulo é apresentar uma perspectiva sobre a sociologia clássica e seus principais autores, possibilitando uma comparação entre suas diferentes visões. A reflexão sobre os pensamentos dos autores clássicos torna possível a aplicação dos conceitos criados por eles ao contexto da sociedade atual.

2.1 Sociologia como representação da sociedade

No estudo da sociologia, uma gama de teorias é colocada à disposição dos pesquisadores. Iniciada com bases positivistas, ao longo do tempo a sociologia vem se consolidando como ciência autônoma, que traça linhas de pensamentos reflexivos sobre as estruturas e os modos de vida do corpo social. Alexandre (2004) afirma que uma visão bipartida, que separa o individual do social, destaca a psicologia para o estudo do homem e a sociologia para o estudo do corpo social, numa concepção reducionista. Guerra (2003), por sua vez, ao ponderar sobre os métodos teóricos e os métodos de campo, expõe a necessidade de que a sociologia seja entendida como representação da modificação da estrutura da coletividade, devendo o pesquisador ter uma atitude dinâmica com vistas a transformar a conjuntura social para seu melhor entendimento.

Com base na cisão entre indivíduo e corpo social, Durkheim concebeu o conceito de **representação**. Vislumbrando que a realidade é composta por preceitos que comandam a vida particular e por diretrizes que determinam a vida em sociedade, o estudioso classificou as representações sociais como **individuais** e **coletivas** (Alexandre, 2004).

As representações sociais são vinculadas ao conhecimento não científico, pois são alegorias que fazem a ligação entre o indivíduo e o mundo ao seu redor. Em outras palavras, elas "são ligadas ao indivíduo (suas informações, seus valores, suas crenças, sua ideologia, suas atividades) e à coletividade (os valores e crenças de uma comunidade específica). Elas constituem os modelos explicativos das relações entre o individual e o coletivo" (Ramos, 1996, p. 32).

Diante das representações sociais (individuais e coletivas) e em oposição a uma visão individualista do comportamento, advinda do positivismo, Durkheim consolidou uma das teorias inaugurais da sociologia (especialmente na área criminal), a chamada **teoria funcionalista**, que trata as relações individuais e dos grupos como um organismo funcional, investigando a sociedade de forma holística. O funcionalismo se ocupa das estruturas, dos processos e das funções, buscando entender como esses elementos interferem nas relações do corpo social (Cabral, 2004).

Nessa vertente, o pesquisador analisa as instituições levando em conta a função para a qual se destinam e busca compreender as atividades exercidas por elas – cujos efeitos se refletem diretamente na coletividade – e seu desempenho no campo social, ou seja, uma adversidade apresentada em uma instituição causa desajustes no corpo social.

Dessa maneira, o todo social é formado por partes que se interligam e apresentam graus de interdependência. Decorre daí a concepção de **funcionalismo-estrutural**, entendendo que cada elemento do conjunto tem uma importância particular que contribui para o funcionamento estável do corpo social.

Há uma grande capacidade de adequação e de resposta às transformações que se apresentam no convívio social; contudo, quando uma das peças do corpo social apresenta desajuste ou está deteriorada, coloca em risco todo o sistema, podendo levá-lo ao colapso, tornando-o doente e distanciando-o da normalidade.

Nessa perspectiva, Durkheim concebeu a existência de duas formas de fato social, o **normal** e o **patológico**. Segundo Mellin Filho

(2011), para Durkheim, fatos sociais normais são fenômenos generalizados que são incorporados nos princípios sociais, enquanto os fatos sociais patológicos são verificados pelo desvio dos princípios estabelecidos.

Dentro da visão funcionalista, Durkheim considera, por exemplo, o crime como um fato social normal e até necessário, ao regular o funcionamento da sociedade, mesmo sendo uma ofensa à regra em vigor. O acontecimento de um ato criminoso exige uma postura de reação contrária a ele, mantenedora da estrutura social vigente, o que reforça a necessidade de sua existência. A falência da estrutura social, ou seja, sua deterioração pela falta de efetividade, o que Durkheim chamou de *anomia*, é extremamente perigoso ao sistema imposto.

Em que pesem as críticas de que o funcionalismo se limita a analisar fatores que determinam a coesão social deixando de considerar os que desagregam a sociedade, sua contribuição proporciona uma visão amplificada ao permitir uma interpretação globalizada de todos os componentes do sistema social.

Outra concepção da sociedade apresentada pela sociologia é o **estruturalismo**, que se tornou relevante na França a partir da década de 1960, tendo Claude Lévi-Strauss (1908-2009) como um dos principais representantes. O estruturalismo se converteu num método específico de investigação científica da estrutura social, abordando aspectos como linguagem, valores culturais, rituais e normas convertidos em formas de produção e de reprodução da ordem social.

Nesse sentido, Thiry-Cherques (2006) argumenta que o conjunto das relações interdependentes entre fenômenos externos determinados é o objeto do estruturalismo, destacando o real concreto. O autor esclarece que a representação do real não é a própria estrutura nem é o indivíduo possuidor de determinado juízo, mas aquele que produz significado e as relações que se constroem num dado corpo social (Barthes, 1970; Thiry-Cherques, 2006)

O estruturalismo contribui com as ciências humanas ao estabelecer um aprimoramento da investigação por meio das técnicas de pesquisa, permitindo formalizar e interpretar a linguagem e os aspectos culturais do corpo social (Araújo, 1993; Cardoso, 1988).

Críticos do modelo, conforme Cardoso (1988), entendem que o estruturalismo não foi capaz de romper com a falta de problematização do debate que se estabelece entre a expressão e os sentimentos do indivíduo e a estrutura social imposta (sistemas simbólicos ou estrutura de classes).

Mesmo assim, segundo Sales (2003), ao observarmos as ciências sociais, o estruturalismo se mostra como um estágio de relevante valor por proporcionar a compreensão dos acontecimentos culturais, que somente subsiste por causa de uma conjectura sobre um atributo metafórico concebido socialmente.

Das críticas ao pensamento estruturalista surgiu o **pós-estruturalismo**, tendo Gilles Deleuze (1925-1995) e Michel Foucault (1926-1984) como alguns de seus principais pensadores. Com essa corrente, análises negativas são apresentadas ao estruturalismo tendo em vista o abandono das circunstâncias históricas, que levaria a uma concepção determinista acerca do ser humano.

Sales (2003) destaca que, na visão pós-estruturalista, há críticas acentuadas ao estruturalismo quanto aos aspectos metodológico, epistemológico e filosófico, além daquela que se verifica pela desconsideração, na pesquisa estruturalista, do indivíduo na configuração social, declarando-o incapaz de concretizar ações diversas do que é previamente estabelecido pela ordem social.

Bueno (2015, p. 150) afirma que o pós-estruturalismo se originou "como reações ao pesadelo kafkiano, que metaforizou a impotência do indivíduo perante o poder anônimo e impiedoso das grandes organizações burocráticas". O autor declara ainda que a filosofia pós-estruturalista se evidencia como censura implacável aos variados aspectos de pensamentos metafísicos sobre o indivíduo e sobre a própria existência.

As contribuições do pós-estruturalismo, segundo Vieira Júnior (2012), caracterizam-se justamente por consolidarem a chamada "política radical" como impulsionadora das reflexões sobre as relações de convivência do corpo social, por meio dos mecanismos de análise ou dos componentes conceituais reconhecidamente atuais.

Esse breve panorama das teorias sobre a representação social serve para refletirmos sobre a necessidade de aprofundarmos mais o estudo sobre o tema. Enfim, conhecer quais são as teorias que constituem a base do pensamento sociológico é de extrema importância para a qualificação do pesquisador que se propõe a estudar as relações sociais.

Daí a importância do conhecimento científico como ferramenta fundamental na iniciação científica e no desenvolvimento de pesquisas fundamentadas em sólido alicerce conceitual. A assimilação das teorias sociológicas se presta a ajudar e a favorecer o desenvolvimento intelectual do pesquisador, contribuindo para uma formação crítica e reflexiva sobre o próprio ser, bem como sobre realidade empírica da sociedade na qual ele está envolvido.

2.2 Sociologia clássica e diferentes perspectivas sobre violência e criminalidade

Observadas as considerações sobre a representação social, devemos ter em mente que existem autores clássicos. Mas o que são *autores clássicos*? Por que motivo devemos estudá-los? Qual a relação desses autores do passado, às vezes de séculos atrás, com a atualidade?

Muitas vezes, ao iniciarmos os estudos em qualquer disciplina, encontramo-nos céticos porque, num primeiro momento, não percebemos a dimensão do pensamento clássico. Talvez isso ocorra pelas poucas relações percebidas entre as disposições históricas e o cotidiano atual. A aquisição desse conhecimento, entretanto, é de suma importância para o avanço na pesquisa sociológica.

Dessa forma, o estudo dos autores clássicos se faz necessário por apresentar um cabedal de informações históricas, fundamentos, debates éticos, métodos, conceitos e teorias capazes de nos proporcionar o domínio da área de pesquisa na qual buscamos formação. Os pensadores clássicos são leitura obrigatória para a conquista de um arcabouço histórico das principais teorias sociológicas.

Assim, Sell (2001) afirma que autores clássicos se caracterizam como pensadores sempre contemporâneos, pois deixaram contribuições extremamente importantes para o desenvolvimento da sociologia. O autor destaca que esses pensadores apresentaram uma teoria sociológica (dimensão teórico-analítica), uma teoria da modernidade (dimensão teórico-empírica) e um projeto político (dimensão teórico-política).

Por isso, compreender a importância de cada uma dessas dimensões é fundamental para concretizar o método científico, buscando, por meio da análise dos pontos comuns e divergentes de cada autor clássico, sedimentar as bases e apontar a inovações no campo da sociologia (Sell, 2001).

Como destaques na sociologia clássica, podemos mencionar Karl Marx, Émile Durkheim e Max Weber – vistos no capítulo anterior. Mas por que eles são considerados os **autores clássicos** da sociologia? Porque cada um desses pensadores desenvolveu alguma teoria ou algum modelo de investigação das relações sociais nos campos político, religioso, econômico, jurídico ou das relações de dominação, entre outros.

2.2.1 Karl Marx: uma missão sociológica

Karl Heinrich Marx nasceu em Tréveris/Trier, cidade franco-germânica, capital da província alemã do Reno, em 5 de maio de 1818, e pertenceu a uma pequena família judia burguesa. Filho de advogado, cursou Filosofia, Direito e História nas Universidades de Bonn e de Berlim. Morreu em Londres, no dia 14 de março de 1883.

Filósofo e sociólogo, Marx, com sua **sociologia histórico-crítica**, desperta paixão e ódio em seus leitores. Na seara da segurança pública, ao que parece, suas ideias muitas vezes são vistas com ressalva por muitos agentes responsáveis por essa área. Em sentido contrário, é visto com admiração por parte daqueles que integram movimentos sociais das chamadas *minorias*.

Não obstante esse cenário, não podemos negar a grande influência do pensamento marxista na história contemporânea. Por isso, abandonar seu estudo é privar o indivíduo do debate sobre a existência de si mesmo.

Não temos pretensão de esgotar o estudo da obra de Marx neste capítulo; nosso objetivo é apresentar um panorama geral do trabalho desse autor clássico não só para a sociologia mas também para as demais ciências.

Marx fundamentou suas teorias buscando entender os componentes materiais inerentes ao trabalho humano, convertido num sistema de ações que se inter-relacionam com os instrumentos de produção e o próprio homem em si, que transforma sua força natural em força produtiva, fato que culmina na realidade vivida por ele. Em suma, existe o processo de produção para a satisfação das necessidades humanas.

No pensamento marxista, a organização social constitui a forma de ordenar a sociedade com vistas à produção para atender aos desejos do homem. Esse processo se dá por meio de relações sociais que criam novas necessidades, resultantes de um ambiente construído "artificialmente".

Dessa forma, Marx (1999, p. 22) inferiu que:

> A fome é a fome, mas a fome que é saciada com carne cozida e consumida com faca e garfo é diferente da fome do que devora carne crua e a come com a mão, com unhas e dentes. Por conseguinte, o que a produção produz objetiva [material] e subjetivamente [interior: modos e regras de comer] não é só o objeto do consumo; é também o modo de consumo. A produção cria, pois, o consumidor.

Com essas observações, Marx, juntamente com outro filósofo também influente, Friedrich Engels (1820-1895), criou o **marxismo** ou **socialismo científico**.

O pensamento de Marx se coloca contrário às concepções históricas do **socialismo utópico**, com origem na obra *Utopia*, de Thomas More (1478-1535), e que teve como pensadores principais Robert Owen (1771-1858), Saint-Simon (1760-1825) e Charles Fourier (1772-1837).

O socialismo utópico buscava a implementação de uma **sociedade perfeita**, em que a igualdade entre as pessoas seria constante e conquistada por adesão voluntária da classe burguesa*. Marx e Engels consideravam que essa situação (de perfeição, igualdade

---

* Classe burguesa – Tendo a origem na palavra latina *burgus*, nome dado às cidades medievais habitadas em considerável número por mercadores, *burguesia*, de forma resumida, é uma categoria de pessoas do regime capitalista formada por proprietários do capital e das riquezas, donos dos meios de produção: comerciantes, industriais, proprietários de terras e de imóveis. Sob controvérsias conceituais, essa categoria de indivíduos detém o poder econômico e, por conseguinte, o poder político (Trindade, 1998).

e adesão voluntária) só era realizável no campo das ideias, não se constituindo, portanto, uma possibilidade material.

Donato (1959) explica que os estudos tradicionais até o surgimento das ideias de Marx não levavam em conta as atividades econômicas, importantes para se entender as inter-relações que afetam as ações vivenciadas em sociedade no desenvolvimento das ideias científicas, filosóficas ou mesmo teológicas. Na sociedade capitalista, as ideias são produtos daqueles que detêm o poder e impõem seus princípios a todos de maneira totalizante: "Inspirando-se em valores e ideias próprias de grupos ou de classe dominantes, seus representantes os universalizam, como se fossem ideias e valores de toda a sociedade" (Donato, 1959, p. 49).

Marx e Engels entendiam que ideias não movem o mundo. Os utópicos conheciam os problemas do capitalismo desumano e queriam solucioná-los; as ideias, todavia, apenas serviam a uma classe dominante (Donato, 1959).

Em resumo, o marxismo ou socialismo científico de Marx procura explicar a sociedade de uma nova maneira, não mais pelas ideias que são exteriores a ela, mas pela prática vivida no cotidiano, na concretude do mundo.

Para se aprofundar nas concepções teóricas de Marx, algumas obras são recomentadas, entre tantas outras: *Manuscritos econômico-filosóficos*, *A miséria da filosofia* e *O capital* – além das obras escritas com Engels: *A ideologia alemã* e o panfleto *Manifesto do Partido Comunista*.

As concepções de Marx têm como mote a **práxis**, que, para ele, é a filosofia sobre o mundo, uma teoria que deve ser seguida pela ação que modifica a realidade. A práxis se diferencia do comportamento ativista, que não faz uma ponderação sobre o mundo ao buscar modificá-lo. Diferencia-se também do comportamento idealista, que somente medita sobre a vivência e não procura modificar o que está a sua volta.

A análise do conjunto das ideias é de suma importância ao que Marx chama de *ideologia*. Ele torna a ideologia objeto de sua ciência e a trata como um olhar equivocado da sociedade que procura privilegiar aqueles que a dominam: "Com Marx, a ideologia passa a ser o sistema das ideias, das representações que domina o espírito de um homem ou um grupo social" (Garcia, 1988, p. 55).

Essa concepção somente é viável por conta da existência da divisão social do trabalho material e espiritual. Dessa forma, os criadores de ideologia não são responsáveis pela produção dos bens de consumo; nasce daí a cisão contraditória entre os que idealizam e os que trabalham (Garcia, 1988).

O trabalhador não percebe o mundo a sua volta, pois não é responsável pela criação da ideologia. Um exemplo disso é o desemprego: o trabalhador imagina ser o único responsável por estar desempregado, quando, na realidade, há uma gama de condições estruturais para essa conjuntura. Aqui, aparece o papel da ideologia como ferramenta de dominação de classe. Contudo, ao pensar o mundo e compreender que há motivos para crises, mudanças e até para a formação do Estado, e que tudo isso contribui para o desemprego, o sujeito critica a ideologia e passa a entender o mundo real, com uma visão mais articulada.

Garcia (1988) esclarece que as ideias são entes independentes dos pensamentos individuais, em decorrência de uma realidade em contradição, marcando a desigualdade social em que há sujeitos pensantes e sujeitos operários, o que culmina na oposição entre **alienação** e ideologia.

A alienação consiste, então, em um modo de manifestação do espírito do sujeito naquilo que lhe é intrínseco em sua força de produzir, resultando em um estranhamento em relação ao fruto do próprio trabalho. *Alienação* tem um sentido próximo ao que se pode pensar como "não pertencer a si". O proletário vende sua força de trabalho e, assim, o trabalho não pertence mais a ele, mas ao burguês (dono dos meios de produção) que o contratou e que define as condições do labor; consequentemente, o trabalho é alienando. A atividade laboral do proletário é estranha a ele próprio – o emprego da força humana é esquecido em razão da mercadoria produzida.

Para Garcia (1988), a ideologia se presta ao papel de manter a dominação da classe trabalhadora no capitalismo. A afirmação de que homens são desiguais naturalmente consolida a alienação e, "ao mesmo tempo em que [sic] reforça sua desigualdade, reforça a igualdade dos mesmos perante o Estado, camuflando o papel do Estado como um agente de coerção ou um instrumento de dominação" (Garcia, 1988, p. 55).

Assim, Marx entende que a tarefa de sua filosofia é desvelar a ideologia, "descobrir a lei econômica do movimento da sociedade moderna" (Marx, 1996a, 131). O filósofo não se contenta em ver as coisas como elas aparentam ser, pois, assim, não haveria motivo para a existência da ciência.

Outro conceito essencial na teoria de Marx é o de **mais-valia**. A atuação do trabalhador sobre os meios de produção gera um montante financeiro muito maior do que o necessário para o pagamento de seu salário; dessa forma, o valor excedente é apropriado pelo burguês. A esse fenômeno Marx chamou de *mais-valia*. Não podemos confundir *mais-valia* com *lucro*, que deve ser apurado após o levantamento de todos os custos.

Marx constatou que na estrutura capitalista existem ainda aqueles que exercem atividades artesanais. É o caso dos indivíduos que são donos dos próprios negócios e neles trabalham; eles estão vinculados ao capitalismo, mas não são classificados como burgueses, pois sofrem pressões como os proletários.

Marx sugere ainda o conceito de **fetiche da mercadoria**, essencial ao sistema capitalista por proporcionar aos trabalhadores a percepção de que as mercadorias produzidas são necessárias a eles próprios, que elas (as mercadorias) possuem vida própria: "a forma mercadoria e a relação de valor dos produtos de trabalho, na qual ele se representa, não têm que ver absolutamente nada com sua natureza física e com as relações materiais que daí se originam" (Marx, 1996a, p. 198).

Para Silva (2011, p. 125), a busca pela aquisição de mercadorias cuja produção tem raízes nos vínculos dominadores dos donos dos meios de produção é vista como "fantasmagórica".

O fetiche da mercadoria é mais um reforço da ideologia dominante para manter a alienação dos indivíduos, que não conseguem, desse modo, perceber as relações sociais de trabalho, o que os impede de se entenderem como sujeitos.

O pensamento marxista tende a compreender a sociedade capitalista por seu modo de produção. Santos (2015) esclarece que a exploração do trabalho pelo capital está na origem desse modelo econômico e se deu pela expropriação violenta de camponeses e artesãos, numa transição abrupta do modo de vida feudal para o capitalista. O autor explica que o novo modelo de sociedade não acolheu aqueles indivíduos menos preparados, o que gerou uma horda de miseráveis propensos ao delito. Com a mesma agilidade com que introduziu o capitalismo, a classe burguesa tratou de inaugurar o controle da massa excluída.

Santos (2015) acrescenta que a embrionária classe burguesa, para resguardar seu patrimônio e exercer controle sobre a temerária população excluída no processo de produção e no novo modelo social (capitalismo), concebeu forças policiais e criou um ordenamento criminal cruel para encarcerar e reeducar para o trabalho as pessoas que julgava delinquentes. Essa iniciativa, ao longo do tempo, revestiu-se de uma aura de legitimidade e legalidade.

Nesse sentido, Engels observou a Londres do século XIX em plena Revolução Industrial e suas análises, como as que estão expostas na obra *A situação das classes trabalhadoras na Inglaterra* (1845), serviram de base para pensamentos que até hoje permeiam o meio sociológico.

Engels descreveu o cenário vivido pela expansão da indústria fabril, da qual seu pai fazia parte como proprietário, verificando a degradação dos trabalhadores ingleses. Diante de toda a turbulência da Revolução Industrial, os proletários se tornavam "alienados" e, prostrados pela pobreza, delinquiam. A pobreza se tornava fonte motivadora da degradação do homem e de sua família. Engels dá ao crime um sentido de luta do homem (pobre) contra a opressão; essa luta, porém, por ser isolada e individual, não surte efeito contra o sistema imposto.

Isso pode explicar a tendência de muitos sociólogos entenderem, influenciados por pensamentos marxistas, que os criminosos são vítimas de uma sociedade burguesa opressora.

■ O crime, segundo Marx

Levando em conta a essência da teoria marxista, o **crime** é analisado como o produto da sociedade de classes. Segundo Conceição (2009, p. 289), "Marx colocou em discussão a ideia do crime como que constituindo uma espécie de indústria incorporada às Teorias da mais-valia, ou seja, para ele a criminalidade, de alguma forma e contraditoriamente, ajuda na produção de mais-valia".

Dessa forma, o sistema capitalista, por si só, é violento; assim, as contradições existentes exigem uma resposta por meio da luta de classes. Por vezes, essa luta também precisa tornar-se violenta para libertar o proletário/trabalhador da opressão exercida pela classe burguesa. Em suma, para Marx, o crime é perpetrado pelo homem como forma de luta contra a dominação burguesa.

Segundo Marx, a contradição entre o acúmulo de riqueza pelos proprietários burgueses e a pobreza dos trabalhadores, advinda da exploração destes por aqueles, traduz a realidade do cotidiano social: "Na história real, como se sabe, a conquista, a subjugação, o assassínio para roubar, em suma, a violência, desempenham o principal papel" (Marx, 1996b, p. 340).

No que concerne à criminalidade, Lopes (2002) destaca que Marx entende que os enlaces jurídicos e, por conseguinte, a vivência social são frutos da produção material da sociedade, contudo, esta afirmação não autoriza "apontar que os conflitos criminais se reduzem a conflitos econômicos" (Lopes, 2002, p. 8).

Lopes (2002, p. 8), citando Santos (1981), esclarece que, pela teoria marxista,

> *O estudo do crime e do controle social baseia-se na divisão da sociedade em classes (estrutura econômica) e na reprodução das condições de produção (separação do trabalhador e dos meios de produção) pelas instituições jurídicas e políticas (superestruturas de controle social), que determinam práticas contrárias às condições de produção, ou reprodução social, das quais o crime faz parte.*

Dessas proposições marxistas, surge o que se chama de **criminologia crítica**, cujo objeto de análise "é o conjunto de relações sociais, compreendendo a estrutura econômica e as superestruturas jurídico-políticas do controle social" (Lopes, 2002, p. 8) e tendo o direito como a fonte do domínio dos modos de produção bem como das ações delituosas na vivência coletiva.

Para a criminologia crítica, o direito é reprodutor das "relações de produção, promovendo ou embaraçando o desenvolvimento das forças produtivas", verificando-se, na visão de Marx, "a deslegitimação do Direito e, em especial, do direito penal" (Lopes, 2002, p. 8).

Amorim e Gonçalves (2010) esclarecem que, para Marx, o crime é interessante para a classe dominante, que governa o Estado, pois justifica o controle social exercido sobre os dominados, o que sustenta a ilusão de que a sociedade "luta" contra a criminalidade. Para os autores, Marx entendia que a sociedade ignora que ela própria cria condições para a ocorrência dos crimes.

Ademais, Lefebvre (1968), citado por Novais (2016) destaca que o criminoso, para Marx, é um impulsionador das forças produtivas. A conclusão é de que toda a organização da justiça criminal e da polícia, bem como das profissões que hoje são abrangidas pela segurança pública e penitenciária, são fruto da existência do criminoso. Segundo Novais (2016), para Lefebvre (1968), Marx revela que a influência do criminoso na sociedade, seja por seus aspectos morais, seja por seus aspectos trágicos, contribui para a evolução social, pois ele gera uma inquietação na sociedade e rompe o marasmo da vida burguesa. Em decorrência do criminoso, produzem-se tragédias, leis penais, doutrinas jurídicas e obras artísticas e literárias, inclusive, romances.

Muitas críticas são exaradas sobre as teorias marxistas, o que, *grosso modo*, divide as opiniões entre a esquerda (marxistas e socialistas) e a direita (liberais e neoliberais). Como estudiosos de segurança pública, contudo, entendemos que não há soluções mágicas e unilaterais.

Por isso, faz-se necessário o estudo dos mais diversos pensamentos, para que seja composto um acervo de informações capaz de concretizar uma formação de excelência no operador de segurança, seja ela pública, seja privada.

Você concorda com o pensamento de Marx e Engels? Como explicar o caso da ausência de policiamento no Estado do Espírito Santo no início do ano de 2017 e os crimes (furtos, roubos, saques e homicídios) acontecidos em números nunca antes observados?

2.2.2 Durkheim: divisão do trabalho social e desenvolvimento do método

Émile Durkheim, filósofo francês, é apontado como um dos primeiros grandes teóricos da sociologia. Desenvolveu seus estudos no fim do século XIX e no início do século XX, quando Auguste Comte já havia apresentado suas ideias sobre a atual sociologia. Durkheim, "até hoje, é um dos autores mais citados no campo da sociologia criminal e da criminologia" (Fabretti, 2011, p. 607).

Durkheim escreveu *As regras do método sociológico*, em que define o que é **fato social**. O teórico pensou a sociedade com a experiência de ter vivenciado a Segunda Revolução Industrial e a concretização do capitalismo na Europa. O filósofo discordava das ideias de Comte e entendia que a evolução da humanidade não se desenvolve de forma unidimensional ou linear.

Durkheim definiu os parâmetros da sociologia delimitando como seu objeto de estudo o fato social e selecionando o que era de interesse dessa ciência. Para o estudioso francês, todo indivíduo come, bebe, dorme, raciocina, e a sociedade tem todo o interesse em que essas funções se exerçam regularmente. Portanto, se esses fatos fossem sociais, a sociologia não teria objeto próprio, e seu domínio se confundiria com o da biologia e da psicologia" (Durkheim, 2007, p. 1).

Para o sociólogo, o desempenho de certos papéis na sociedade são imposições exteriores que definem o conceito de fato social:

> *Quando desempenho minha tarefa de irmão, de marido ou de cidadão, quando executo os compromissos que assumi, eu cumpro deveres que estão definidos, fora de mim e de meus atos, no direito e nos costumes. Ainda que eles estejam de acordo com meus sentimentos próprios e que eu sinta interiormente a realidade deles, esta não deixa de ser objetiva; pois não fui eu que os fiz, mas os recebi pela educação. Aliás, quantas vezes não nos ocorre ignorarmos o detalhe das obrigações que nos incumbem e precisarmos, para conhecê-las, consultar o Código e seus intérpretes autorizados! Do mesmo modo, as crenças e as práticas de sua vida religiosa, o fiel as encontrou inteiramente prontas ao nascer; se elas existiam antes dele,*

é que existem fora dele. O sistema de signos de que me sirvo para exprimir meu pensamento, o sistema de moedas que emprego para pagar minhas dívidas, os instrumentos de crédito que utilizo em minhas relações comerciais, as práticas observadas em minha profissão, etc. funcionam independentemente do uso que faço deles. Que se tomem um a um todos os membros de que é composta a sociedade; o que precede poderá ser repetido a propósito de cada um deles. Eis aí, portanto, maneiras de agir, de pensar e de sentir que apresentam essa notável propriedade de existirem fora das consciências individuais.
(Durkheim, 2007, p. 2)

O que observamos é que existem em uma sociedade regras, padrões e formas de agir que são impostas aos que nela vivem. Essas imposições são independentes de cada um, porém se relacionam com todos os indivíduos dessa sociedade. Existiam antes de eles nascerem e existirão após eles morrerem. As leis são um exemplo clássico de fatos sociais.

Durkheim (2007, p. 3) afirma que, ao observarmos os fatos sociais, "como são e tais como sempre foram", percebemos então que a educação, em relação às crianças, mostra-se um movimento incessante de imposição de modos de observar, de perceber e de se comportar no meio social que não são próprios da alma dos infantes, não nascem com eles. Portanto, a educação é a ferramenta que produz o ser social e deve ser entendida não só como a escola mas também como todas as relações vividas em sociedade – em família, na igreja, em clubes etc. –, ou seja, as relações com outros indivíduos:

basta observar a maneira como são educadas as crianças. Quando se observam os fatos tais como são e tais como sempre foram, salta aos olhos que toda educação consiste num esforço contínuo para impor à criança maneiras de ver, de sentir e de agir às quais ela não teria chegado espontaneamente. Desde os primeiros momentos de sua vida, forçamo-las a comer, a beber, a dormir em horários regulares, forçamo-las à limpeza, à calma, à obediência; mais tarde, forçamo-las para que aprendam a levar em conta outrem, a respeitar os costumes, as conveniências, forçamo-las ao trabalho, etc., etc. Se, com o tempo, essa coerção cessa de ser sentida, é que pouco a pouco ela dá origem a hábitos, a tendências internas que a tornam inútil, mas que só a substituem pelo fato de derivarem dela. (Durkheim, 2007, p. 3)

Assim, fatos sociais são coercitivos por exercerem pressão a todo indivíduo desde sua tenra idade. Como destaca Durkheim (2007, p. 3), "é a pressão mesma do meio social que tende a modelá-la [a criança] à sua imagem e do qual os pais e os mestres não são senão os representantes e os intermediários".

Na formulação de seu método sociológico, tratando do fato social, Durkheim observou mais detidamente os conceitos de *normalidade* e *patologia*. O pensamento durkheimiano tem como premissa fundamental que, por meio da observação da sociedade, é possível encontrar fenômenos normais e patológicos, ideias que veremos mais adiante.

Outro conceito apresentado por Durkheim (2007) é o de **corrente social**, o qual designa um fenômeno que ocorre quando, "numa assembleia, os grandes movimentos de entusiasmo ou de devoção que se produzem não têm por lugar de origem nenhuma consciência particular" (Durkheim, 2007, p. 3).

Um exemplo de corrente social é a reação de uma torcida de futebol que inicia uma coreografia ou uma briga generalizada em que indivíduos tomados por uma fúria xingam o árbitro e agridem os torcedores adversários. Caso um dos indivíduos estivesse fora da turba, não agiria daquela forma.

Assim, surge a questão: Se a sociedade é conflitante, o que mantém sua coesão?

Sobre essa problemática, Durkheim (2007) tratou também da **solidariedade social**, a ferramenta que mantém a sociedade coesa por meio da formação de uma consciência coletiva. O filósofo observou a **solidariedade mecânica**, que se apresenta em sociedades primitivas ou chamadas *arcaicas* em que há o sentimento de pertencimento, pois seus integrantes compartilham dos mesmos valores e interesses.

Durkheim verificou também a **solidariedade orgânica**, que se apresenta em sociedades modernas ou complexas, em que a divisão do trabalho se perpetua, fazendo com que os indivíduos já não mais compartilhem dos mesmos interesses e das mesmas crenças sociais. Essa é a característica das sociedades capitalistas que "assentadas na prevalência das relações econômicas, desenvolvem um tipo de solidariedade funcional que aproxima indivíduos na diferença" (Vares, 2013, p. 153).

Vares (2013), assim como outros autores, destaca que é essa a vantagem da solidariedade orgânica em relação à mecânica, pois, quando um indivíduo compreende que desempenha uma função diferente na sociedade, passa a viver dentro de certa razoabilidade. Isso só é possível por conta do avanço da divisão do trabalho e é o que pode evitar a luta irracional pela sobrevivência, tornando cada indivíduo um ser importante na vida em coletividade e minimizando sua luta para manter-se vivo.

Para Mocellim (2010), a concepção de partição das tarefas laborais na sociedade consiste na heterogeneidade dos níveis de diversificação e de especialização nela existentes. Segundo o autor, para Durkheim, "a divisão do trabalho não tem uma função meramente econômica ou produtiva, ela também tem uma função social mais abrangente: seu objetivo é gerar solidariedade social" (Mocellim, 2010, p. 113). É nesse ambiente que surge a solidariedade orgânica. Os indivíduos se reconhecem como tal e assim entendem que o respeito à individualidade é a forma de coesão social, de proteção do próprio "eu".

Durkheim (2007, p. 16) entende que, por "ser pela sensação que o exterior das coisas nos é dado, pode-se portanto dizer, em resumo: a ciência, para ser objetiva, deve partir não de conceitos que se formaram sem ela, mas da sensação". E arremata explicando que a sensação é a matéria-prima essencial a todos os conceitos. Ele esclarece, contudo, que o sociólogo deve ser objetivo em suas análises, tal qual um cientista, com distanciamento do objeto, sem imiscuir-se com ele, como se o cientista fosse detentor de uma neutralidade.

Isso é possível porque "uma sensação é tanto mais objetiva quanto maior a fixidez do objeto ao qual ela se relaciona; pois a condição de toda objetividade é a existência de um ponto de referência, constante e idêntico" (Durkheim, 2007, p. 17), ou seja, o observador garante a objetividade quando determina pontos objetivos de sua observação.

De posse dessa neutralidade, ao observador será possível analisar de forma isenta os fatos sociais, determinando assim a sociologia como uma ciência.

■ O crime, segundo Durkheim

Como já vimos, as crenças, as tendências e as práticas de um grupo, tomadas coletivamente, estabelecem o fato social. Agora, retomamos o raciocínio sobre os fatos sociais normais e patológicos.

Durkheim desenvolveu sua teoria na contradição entre saúde e doença. De forma resumida, sua ideia é exemplificada imaginando-se uma pessoa que, mesmo com saúde, pode sofrer dores advindas da fome, do parto e do cansaço, tudo isso dentro da normalidade. Morte e velhice não podem ser consideradas fenômenos patológicos, pois são necessárias à sobrevivência das espécies.

Um fato normal é reconhecido por sua generalidade dentro do âmbito social e congrega uma função de adaptação ou mesmo de evolução do corpo social. Nesse conceito, enquadra-se o **crime**, que tem o condão de marcar como importantes os valores sociais que rejeitam as condutas tidas como indesejadas ou ilícitas e às quais devem-se imputar sanções.

De acordo com Fabretti (2011), Durkheim entende o crime como um fato social produzido em todos os grupos humanos, uma característica inerente a todos os corpos sociais. Não existe, para Durkheim, sociedade em que não haja criminalidade. Se entendermos que cada sociedade define diferentemente as condutas criminosas – havendo, é claro, muitas definições semelhantes entre elas –, a classificação de crimes não será a mesma em todos os lugares. Durkheim, contudo, concebe que, em todo lugar e em todos os tempos, existiram condutas criminosas.

O filósofo afirma que a transição de uma sociedade inferior para uma superior não enseja a diminuição de delitos, e sim um aumento deles (Fabretti, 2011). A conclusão é que há normalidade quando se trata do reconhecimento do crime na vivência social. Durkheim discorre que os crimes não diminuem quando se passa de sociedades inferiores para superiores, pelo contrário, cresce. Logo, reafirmada sua normalidade, o crime não é nada mais do que um "fato social".

Partindo do normal, Durkheim analisa o patológico. Se, de um lado, os fatos sociais tidos como *normais* abrangem a generalidade, os patológicos, de outro, são verificados pela violação dos limites estabelecidos pela ordem social e, assim como as doenças, são excepcionais e transitórios.

Durkheim, ao analisar as sociedades europeias, vislumbrou que as transformações socioeconômicas ocorriam muito rapidamente, influenciando o ideal coletivo que delimitava o comportamento individual. Ao passo que as transformações velozmente ocorriam, as regras, do mesmo modo, modificavam-se, causando incertezas aos indivíduos. A esse fenômeno Durkheim chamou de ***anomia***.

Sobre esse tema, para Dores (2004), dois tipos de entendimento são possíveis com base no pensamento de Durkheim. O mais comum é entender "a anomia como a causa social do desvio, do não reconhecimento da norma social (ou legal) por parte de indivíduos socializados como desviantes" (Dores, 2004, p. 16). Em suma, o autor entende que a população enfrenta as instituições policiais e judiciais com a violação sistemática da lei. A anomia é também reconhecida como consequência das atribulações da modernidade, "como um problema de desadaptação das populações mais tradicionais, e dos 'seus' criminosos em particular" (Dores, 2004, p. 16).

Voltado à ideia de que "os criminosos sempre existirão em qualquer sociedade e que o seu comportamento desempenha funções sociais de inovação e criatividade, Durkheim afirma que nem todo o crime é anómico" (Dores, 2004, p. 17).

Dores (2004) declara ainda que, para o pensamento durkheimiano, a anomia somente é percebida quando as taxas de criminalidade ultrapassam valores socialmente considerados toleráveis numa determinada conjuntura específica, e arremata:

> Neste entendimento não será possível, sociologicamente, identificar pessoalmente os criminosos anómicos, disfuncionais, socialmente problemáticos e perturbadores, dos criminosos normais, cuja actividade é encaixada sem stress social e até com proveito funcional. O facto de serem criminalizados mais frequentemente os membros das classes inferiores seria, socialmente, uma consequência natural dos poderes diferenciais perante as instituições dos indivíduos que cometem crimes. O policiamento e as condenações seriam decorrentes do normal funcionamento das instituições, na resolução de conflitos sociais que, segundo Durkheim, tenderiam a resolver-se de forma restitutiva (em vez de punitiva) nas sociedades modernas. Neste sentido, um século depois da proclamação

> *de esperança na modernidade avançada por Durkheim,
> a sobrelotação das prisões e a transformação dos sistemas
> prisionais em sectores industriais de exploração de mão
> de obra escrava, como se pratica actualmente no país
> mais avançado do mundo [provavelmente a Finlândia],
> obrigaria o autor a reapreciar estas suas intuições quanto
> à profundidade das transformações sociais no que toca
> às sanções penais.* (Dores, 2004, p. 17)

Em conclusão, para Durkheim, a anomia se apresenta como um diagnóstico de que a sociedade está socialmente doente. A anomia desregula as relações de poder e rompe com a estabilidade criada na coletividade, exigindo mudanças no corpo social. A falta de um referencial converge para a ausência de controle e, consequentemente, para atos de violência. A falta de sentimento de pertencimento, a perda de valores e o egoísmo são aspectos que se evidenciam na anomia e deixam a sociedade vulnerável à delinquência.

O fenômeno do desajuste social contribui para o aumento dos índices de criminalidade, tendo em vista que dele surge uma sensação de que não há mais harmonia na sociedade. Os indivíduos não mais aderem ao sistema vigente, posto que nele não se reconhecem como grupo. Nesse sentido, a teoria funcionalista de Durkheim nos ajuda a compreender que, no momento em que uma norma se verifica inadequada, imprópria, incapaz de atender às expectativas do corpo social, há instabilidade e, consequentemente, falta de adesão a ela. Dessa forma, uma porta é aberta para comportamentos delituosos advindos da falta de conformidade das ações sociais em conflito com a norma ilegítima.

O trabalho de Durkheim não se esgota nesta pequena abordagem. O que apresentamos de sua obra é fonte de inspiração para um aprofundamento do conhecimento de suas teorias. Os estudos de Durkheim são base para o contraponto dos pensamentos de Weber, pensador que foi seu contemporâneo, nos debates para a formulação das teorias sociológicas.

2.2.3 Max Weber e a sociologia compreensiva

O alemão Maximilian Karl Emil Weber ou apenas Max Weber é considerado um dos pensadores clássicos da sociologia. Nasceu na cidade de Efurt, em 1864, faleceu na cidade de Munique, em 1920. Weber contribuiu em vários campos da ciência, como a história, a economia e o direito, tendo em vista que ofereceu uma nova visão sobre a sociedade, apresentando ideias sobre o capitalismo e a racionalização do homem.

Para Thiry-Cherques (2009), Weber traduziu o progresso civilizatório ocidental fundado por uma lógica da vida social. Para isso, centrou seus estudos em temas como poder, religião e capitalismo e configurou um robusto ferramental metodológico e científico para empreender esses estudos. "Explicou que a modernidade não só deriva da diferenciação da economia capitalista e do Estado, mas também de uma reordenação racional da cultura e da sociedade" (Thiry-Cherques, 2009, p. 898).

Weber, assim como Durkheim, em sua metodologia, acreditava na neutralidade das ciências sociais. Para o intelectual alemão, o cientista deve renunciar a qualquer juízo de valor quando realiza a análise social. Para se entender o pensamento de Weber, é preciso ter em mente três conceitos importantes: ação social, tipos ideais e racionalização.

Na obra *Economia e sociedade: fundamentos da sociologia compreensiva*, Weber concebe o conceito de **ação social**. Ele entende que "ação social significa uma ação que, quanto ao sentido visado pelo agente ou os agentes, se refere ao comportamento de outros, orientando-se por este em seu curso" (Weber, 1991, p. 3). Ao tratar a ação social como uma das ferramentas de estudo, Weber torna a sociologia mais humana, diferentemente da sociologia francesa, de Comte e Durkheim.

Weber inaugurou a **sociologia compreensiva**, de acordo com a qual a razão não é definida previamente, ou seja, não preexiste, não é um dado pronto. Nessa vertente, o que se busca é compreender o fundamento prático social naquilo que se relaciona com o concreto – entender a interação de um sujeito com o outro.

Dessa forma, compreender o sentido das ações dos indivíduos que vivem em sociedade é a base do método sociológico de Weber. A ação social somente tem existência quando há comunicação entre os indivíduos e seu significado aparece apenas quando há interação entre eles. Um exemplo dessa ideia é um artista que, ao pintar um quadro, imagina que alguém poderá admirá-lo ou até mesmo criticá-lo. Essa ação, contudo, somente terá significado quando outra pessoa interagir com ela.

Sobre esse exemplo, podemos questionar: E se o quadro foi pintado para satisfação pessoal do artista e ninguém souber de sua existência? Nesse caso, em que a criação do quadro somente visa atender à realização pessoal do artista e ninguém mais tome conhecimento da obra, não se trata de uma ação social.

Cohn (1997, p. 26) destaca que, segundo o pensamento weberiano, o ponto de partida da análise sociológica só pode ser dado pela ação de indivíduos e, portanto, é "individualista" quanto ao método. Infere-se, assim, que, ao analisar os fenômenos sociais, o observador deve ter em mente que na ação social o sentido dado por seu sujeito faz referência às condutas dos demais indivíduos, que guiam o comportamento social individual.

Mas o que quer dizer *sentido* para Weber? Para Cohn (1991, citado por Sell, 2001, p. 53, grifo do original), o sentido "se manifesta em ações concretas e [...] envolve um **motivo** sustentado pelo agente como fundamento da sua ação". O autor destaca que é fundamental ao sociólogo reconstruir o motivo, pois ele é a causa da ação.

Assim, ao estudarmos as ações sociais que apresentam um sentido visado pelo agente, percebemos que ele é "influenciado" por outros indivíduos da sociedade, ou seja, para agir, o agente encontra um motivo fundante construído por uma coletividade.

Em suma, "existem certas **regularidades** na ação social, ou seja, [...] certos processos de ação repetem-se ao longo do tempo, tornando-se rotina e incorporando-se ao cotidiano de múltiplos agentes" (Cohn, 1997, p. 29). Essa observação é essencial para o estudo sociológico, pois o indivíduo que exterioriza uma intenção o faz em razão da resposta do sujeito com o qual interage.

Weber lançou mão, em seus estudos, como ferramentas de investigação, dos chamados *tipos ideais*, que são construções imaginárias dos quesitos mais destacados dos comportamentos vividos no corpo social, do qual se podem conceber configurações típicas. Essas configurações se encerram em quatro ações essenciais, aqui apresentadas sem que exista uma ordem de importância para elas.

A primeira é **ação social racional com relação a fins**, em que se verifica que a ação do sujeito é por excelência racional e direcionada a um fim. Um exemplo desse tipo de ação é a de um estudante que necessita comprar um caderno e faz a escolha por motivos de desempenho e de adequação às necessidades de seu estudo e opta, assim, pelo que melhor se ajusta ao fim a que se destina.

A segunda é a **ação social racional com relação a valores**. Aqui, a motivação da ação tem por fundamento um princípio – positivo ou negativo – vinculado a um aspecto de foro íntimo (religioso, político, moral, ético, estético etc.). Como exemplo, podemos mencionar o estudante que adquire um caderno pela importância que dá a uma marca específica, não levando em consideração o fim adequado ou o custo do próprio caderno, pois a marca é o fator mais significativo.

A terceira é a **ação social afetiva**. Nela, o agir do sujeito é motivado por seu estado emocional, por suas paixões e inspirações sentimentais. Nesse caso, o estudante compra o caderno que mais lhe apetece, ou seja, escolhe aquele ao qual está vinculado emocionalmente.

A quarta é a **ação social tradicional**. A atuação do indivíduo é despertada por motivações relacionadas aos costumes e às tradições da vida cotidiana, associadas, por sua vez, às práticas transmitidas pelas gerações passadas. Continuando com o exemplo do caderno, nesse caso, o estudante compra o aquele que seus familiares estão acostumados a usar.

Weber diagnosticou que, ao longo do tempo, um processo de **racionalização** foi se estabelecendo nas sociedades ocidentais.

> *A racionalidade não deve ser confundida com a ação social. [...]. A racionalização oferece as condições em que ação é exercida. A racionalização é o processo que confere significado à diferenciação de linhas de ação. Embora uma ação seja racionalizável no interior de cada esfera, não é possível uma racionalidade total. O mundo não é racionalizável como um todo. As tensões entre racionalidade formal e substantiva são irredutíveis. A racionalidade formal, de cálculo meios-fins e a racionalidade substantiva, voltada para a efetivação de um valor, são irreconciliáveis. Ademais uma modalidade de ação racional em uma esfera pode ser irracional em outra. O cálculo econômico é racional para a esfera do mercado, mas não para a esfera do social. [...] Em linhas gerais, entende-se que o termo racionalização, como utilizado por Weber, significa a redução à racionalidade de todos os aspectos da vida social. A racionalização é um processo: o mais das vezes trata-se de uma sublimação, quando a ação emotivamente condicionada aparece como descarga consciente de um estado sentimental.*

(Thiry-Cherques, 2009, p. 901-902)

Em resumo, a racionalização é a dissociação da utilização dos estímulos emocionais, tradicionais, consuetudinários e morais e é convertida em um encadeamento progressivo de inserção de análise lógica com o fim de melhorar os resultados das decisões no agir social.

Segundo Thiry-Cherques (2009), para Weber, a racionalização declara que as ações sociais são racionalmente orientadas. "É o processo de introdução de racionalidades, ou do que, em diferentes épocas e lugares, julgamos ser racional. Corresponde às racionalidades prática, formal, teórica e substantiva" (Thiry-Cherques, 2009, p. 903).

Sell (2012) reproduz a afirmação de Weber, feita em 1904 (na obra *A ética protestante e o espírito do capitalismo*), de que "o 'racionalismo' é um conceito histórico que encerra um mundo de contradições" (Weber, 2004, citado por Sell, 2012, p. 154), relembrando que o termo pode ter significados distintos e sua importância no estudo do capitalismo.

É no livro *A ética protestante e o espírito do capitalismo*, considerado uma das mais relevantes obras dos últimos tempos, que Weber descreve, em pouco mais de 100 páginas, sua visão do capitalismo. Nesse livro, o filósofo apresenta sua concepção sobre capitalismo, o modo como ele surgiu e os motivos pelos quais apareceu em países protestantes da Europa – predominantemente **calvinistas** (seguidores da doutrina de João Calvino*), como a Holanda –, e na

---

* "Os calvinistas ensinam [...] a perseverança dos santos. Ensinam que a mesma graça de Deus que os salvou, agirá eficazmente em suas vidas, de modo que não poderão cair total e finalmente da graça de Deus. O calvinista crê que a justificação, a regeneração e a adoção são obras irreversíveis; que já não pode mais haver condenação para os que estão em Cristo Jesus" (Nascimento, 2018, p. 19).

Inglaterra e nos Estados Unidos. Para Weber, o calvinismo gerou o espírito do capitalismo.

Mas por que isso aconteceu? Resumidamente, o calvinismo supõe que tudo está predestinado e o futuro do homem em relação a Deus já foi definido pela graça divina. Se o indivíduo vai ou não para o Céu, não depende dele próprio. Diante disso, resta a ele saber se está ou não entre os escolhidos para chegar ao reino do Senhor.

Os pensadores calvinistas pregam que são o sucesso no trabalho e a resistência ao pecado as fontes reveladoras ao homem sobre seu futuro em relação a Deus. Assim, o calvinista age investindo, buscando o lucro, para ter sucesso no trabalho e descobrir ele mesmo se está entre os escolhidos. Por isso, ele não gasta seu dinheiro com coisas pecaminosas e trabalha cada dia mais para honrar os dons que o Senhor lhe concedeu.

Esse aspecto da valorização (sob uma vertente divina) do trabalho é o fator cultural fundante do capitalismo. Enquanto no mundo católico, no qual todos, inclusive a nobreza, que era muito forte, desprezavam o trabalho e valorizavam o ócio, no mundo calvinista valorizava-se o negócio. Para a doutrina católica, a salvação é conquistada pela penitência, pela humildade ou pela pobreza; para o calvinismo, entretanto, o trabalho é uma extensão do divino – fazer a obra de Deus é realizar o melhor trabalho e cobrar por ele um preço justo é prosperar.

A ótica de Weber, portanto, é religiosa – ele se pergunta como o capitalismo se adaptou ao calvinismo e por que isso não ocorreu com sociedades luteranas –, diferentemente da ótica de Marx, que observa o capitalismo pela vertente econômica.

O capitalismo, para Weber, não se trata da busca desenfreada pelo lucro, pois esse aspecto sempre foi verificável em toda a história humana, mas é uma racionalização da sociedade. Para sua consecução, pressupõe uma administração complexa que deve controlar os fluxos de entrada e de saída, ou seja, uma contabilidade, uma racionalização que se realiza por homens (mão de obra) livres e que é um modo totalizante de dar continuidade à obtenção de lucro, de manter ganhos perenes, valendo-se dos mais variados elementos da ciência moderna, dos serviços individuais, dos balanços, da contabilidade, dos trabalhadores livres e da divisão do trabalho.

Weber se configura um idealista ou neokantiano, pois entende que o surgimento do capitalismo ocorre com o surgimento do pensamento capitalista. São as ideias que modificam ou transformam a realidade vivida. O filósofo faz uma relação entre o surgimento do capitalismo e o espírito capitalista, ou ética capitalista.

> Quando viajou aos Estados Unidos, Weber teve contato com Benjamin Franklin, com o qual compartilhou diversas ideias apresentadas em sua obra *A ética protestante e o espírito do capitalismo*. Ribeiro de Sá (2014, p. 71) esclarece que algumas das máximas (sentenças morais) proferidas por Franklin foram incorporadas e transcritas por Weber em sua obra, entre as quais, destaca:
>
> "Lembra-te de que o tempo é dinheiro".
> "Lembra-te de que o crédito é dinheiro".
> "Lembra-te de que o dinheiro é de natureza prolífica, procriativa".
> "Lembra-te deste refrão: O bom pagador é dono da bolsa alheia".

Essas frases expressam claramente "pontos de intercessão entre a ética protestante e o **espírito do capitalismo**" (Ribeiro de Sá, 2014, p. 71, grifo do original). O autor enfatiza ainda a relação direta "entre o modo pessoal e social de ser, bem como o de produzir, socializar e consumir bens, entre a formação econômica e as manifestações culturais, entre o ethos e a economia" (Ribeiro de Sá, 2014, p. 71).

> **Para saber mais**
>
> WEBER, M. **A ética protestante e o espírito do capitalismo.**
> São Paulo: M. Claret, 2013. (Coleção A Obra-Prima de Cada Autor).
> Além de apresentar a visão de Max Weber sobre o capitalismo, esta obra traz mais algumas sentenças morais de Benjamin Franklin.

Há convergência entre o pensamento de Franklin e as ideias sobre a ética protestante de Weber no que tange à formação e ao fortalecimento da estrutura do capitalismo. A transformação do tempo em utilidade, a geração de dinheiro pelo próprio dinheiro, o pagamento em dia das contas – tudo isso ajuda a ganhar mais dinheiro. O objetivo, todavia, é a honra e a glória do Senhor, ou seja, o fim é honrar os dons dados por Deus com o trabalho frutificado, gerando mais frutos (dinheiro, lucro).

Questões para reflexão

Vivendo em sociedade, o indivíduo é livre? O indivíduo é totalmente responsável por suas ações ou há uma parcela de responsabilidade da sociedade? O crime é fruto de uma atitude individual ou de uma sucessão de ações e ideias coletivas?

■ A violência, segundo Weber

A sociedade moderna, sob a égide do capitalismo – que é caracterizado pela especialização do trabalho e pela desigualdade advinda de sua divisão –, apresenta a desumanização do homem, que potencializa conflitos e gera violência. O poder do Estado em todas as áreas, na Modernidade, converge para a validação exclusiva do uso coercitivo da força física, impondo seus desígnios de dominação organizacional da estrutura social. Segundo Weber (1976, citado por Pegoraro, 2010) o Estado conseguiu "concentrar nas mãos dos dirigentes os meios materiais de exploração, expropriando para tanto a todos que anteriormente dispunham deste direito, e colocando-se no seu lugar, no topo supremo".

Nesse contexto, o papel do Estado é de preponderante importância para entendermos a dinâmica da vivência social, que necessita de uma base de controle estatal. Assim, as teorias clássicas sobre o Estado desenvolvidas por pensadores como Nicolau Maquiavel (1469-1527), Thomas Hobbes (1588-1679), Charles de Montesquieu (1689-1755) e Jean-Jacques Rousseau (1712-178) são leituras obrigatórias aos estudiosos que se propõem a entender as bases da formação do Estado moderno e os mecanismos de controle social, sobretudo o uso da força física. Para a sociologia clássica, o Estado tem papel fundamental no que concerne à violência.

Weber (1976) esclareceu suas ideias clássicas de *Estado, território* e *poder* para explicar o monopólio do uso da violência. Dessa forma, o pensador concebeu o Estado como uma comunidade humana que, nos limites de seu território, requer o monopólio do uso legítimo da violência física.

Para sua consolidação, o Estado moderno tem como fundamento a força, a qual ele monopoliza, tornando-se o único ente a poder utilizar legal e legitimamente a violência para fazer cumprir os desígnios de sua política. No entanto, o uso legítimo da força não se desvincula da ideia de dominação.

Como um sistema que enseja uma vivência social que possa garantir a sobrevivência do indivíduo, a própria democracia legitima o papel do Estado como monopolizador do uso da violência. Isso se verifica, contudo, pela manutenção da ordem vigente, e não pela garantia das liberdades individuais, pois toda a construção social é dada por forças dominantes que impõem um modo de vida concebido para o funcionamento do capitalismo.

Por fim, Weber transmite a ideia de que, pela dominação, ocorre a manutenção de uma ordem social que se constrói por conta dos acordos advindos das decisões racionais dos integrantes do Estado, ou seja, a **política**.

Síntese

Neste capítulo, demonstramos a importância do conceito de representação social para a sociologia, com enfoque tanto no indivíduo quanto na coletividade, bem como a cisão proposta por Durkheim, que percebeu a existência de normas distintas que regem a vida pessoal e a vida em sociedade.

Discutimos sobre como se consolidaram a sociologia histórico-crítica, a sociologia funcionalista e a sociologia compreensiva, abordando, para isso, as ideias de seus pensadores: Marx, Durkheim e Weber, respectivamente.

Nesse sentido, apresentamos a visão de cada um dos autores clássicos sobre como o poder, o trabalho e o capitalismo influenciam os mecanismos de controle social e como se refletem nas relações sociais, afetando os fenômenos do crime e da violência.

O quadro abaixo apresenta um resumo das concepções de cada um dos pensadores clássicos:

Quadro 2.1 – Autores clássicos e suas teorias

	Teoria sociológica	Teoria da modernidade	Projeto político
Durkheim	Sociologia funcionalista	Divisão social do trabalho	Conservador
Weber	Sociologia compreensiva	Racionalização da cultura e da sociedade	Neutralidade absoluta
Marx	Sociologia histórico-crítica	Modo de produção capitalista	Revolucionário

Fonte: Sell, 2001, p. 15.

Para saber mais

A ONDA. Direção: Dennis Gansel. Alemanha: Constantin Film, 2008. 107 min.

Trata-se de uma boa ilustração sobre o controle social e sua influência sobre o indivíduo. O filme conta a história de um professor do ensino médio que realiza um experimento com alunos, expondo o exercício do poder como mecanismo de controle.

Assistindo à produção, você terá a oportunidade de colocar em prática seus aprendizados e confrontar a narrativa cinematográfica com as teorias apresentadas neste capítulo. Principalmente as teorias weberianas, que verificam as ações sociais – sejam elas com relação aos fins ou aos valores, sejam afetivas ou tradicionais – submetidas à dominação de um líder carismático. A racionalidade e a irracionalidade das ações podem ser estudadas verificando-se quanto controle o sujeito possui sobre suas próprias ações.

Questões para revisão

1) Émile Durkheim delineou os parâmetros da sociologia delimitando como seu objeto de estudo o fato social e definindo os aspectos que formam o comportamento dos indivíduos em sociedade. Para esse pensador, a sociologia:

   a. deveria declinar da análise das singularidades dos indivíduos e dedicar-se aos estudos de conteúdo geral no que tange aos fatos sociais.
   b. estabelecer ideais de razão que se colocariam como pensamentos *a priori* em busca da perfeição humana.
   c. realizar uma reflexão sobre a análise ontológica do indivíduo, desconsiderando influências externas em sua interação com o outro e priorizando sua individualidade como fonte de todo fato social.
   d. encontrar as causas de todas as mazelas dos indivíduos, que, por consequência, afetam a sociedade, tendo como meta a instituição de uma classe de pessoas ideais, com base em individualidades distintas.

2) Na obra *A ética protestante e o espírito do capitalismo*, Max Weber reproduz várias frases de Benjamin Franklin, sendo uma das mais expressivas: "Lembra-te de que o tempo é dinheiro". Com base nisso, assinale a alternativa que apresenta, corretamente, a compreensão de Weber, que considera a formação do capitalismo moderno ocidental relacionada à conduta do indivíduo:

   a. Weber pressupõe que a formação do capitalismo moderno é revestida de uma vivência histórica fundamentada na tradição, que determina a conduta individual, desprezando o uso da razão.

b. Weber se fundamenta no utilitarismo, que acredita na boa ação, caracterizada pela utilidade e pela felicidade que proporciona ao indivíduo e, consequentemente, à sociedade.

c. Weber defende uma teoria organicista e considera a sociedade como um organismo vivo. O fundamento das relações sociais está estruturado na tradição dos antepassados e na utilidade da ação, ou seja, na felicidade que ela proporciona.

d. Weber considera que a racionalidade é a categoria elucidativa que permite uma compreensão da essência da conduta do sujeito na formação do capitalismo moderno.

3) O socialismo científico configura-se como um dos principais legados de Karl Marx. Sua abordagem metodológica sobre o estudo da sociedade revolucionou as teorias sociológicas. Com base nos conceitos estudados, assinale a alternativa que melhor expressa a teoria marxista:

a. A evolução cultural, para Marx, tem por fundamento a essência natural do ser humano, atrelada ao que ele possui de metafísico, sem olvidar-se de sua dimensão biológica, que influencia totalmente as relações sociais do trabalho.

b. O socialismo científico de Marx procura explicar a sociedade de uma nova maneira, não mais pelas ideias que são exteriores a ela, e sim pela prática vivida no cotidiano, na concretude do mundo.

c. O socialismo de Marx parte do princípio de que toda ação humana é fruto de uma razão encontrada no íntimo do sujeito e, para que os motivos racionais da relação social sejam descobertos, é necessária a análise da psicologia humana, que fundamenta o capitalismo.

d. As resoluções de conflito, no socialismo científico, ocorrem por meio da razão e fundamentam-se na visibilidade das instituições em evidência, em detrimento da ideia de classes sociais, as quais, para Marx, não têm relevância para o estudo da sociedade.

4) O que é a racionalização da sociedade para Weber?

5) Segundo Durkheim, o crime pode ser considerado um fato normal? Justifique sua resposta.

III

Escola de Chicago: correntes, perspectivas e interlocuções

Conteúdos do capítulo:

» Escolas sociológicas que abordam o crime e a criminalidade.
» A Escola de Chicago e a ecologia humana.
» Teoria da desorganização social ou teoria da ecologia criminal.
» Teoria da associação diferencial, de Sutherland.
» A sociologia do desvio em Becker.
» Os estabelecidos e os *outsiders* em Elias e em Scotson.
» O estigma em Goffman.

Após o estudo deste capítulo, você será capaz de:

1. compreender a Escola de Chicago;
2. reconhecer a importância da Escola de Chicago para os estudos em segurança pública;
3. identificar os principais autores e teorias da Escola de Chicago;
4. diferenciar os pensamentos e as teorias da Escola de Chicago;
5. desenvolver uma reflexão crítico-comparativa sobre as teorias da Escola de Chicago.

Conforme já explicamos, a sociologia se ocupa de estudar a sociedade em toda a sua complexidade. O crime, tratando-se de um fenômeno social, não escapa, portanto, da lente da sociologia.

O crime e a criminalidade exercem um fascínio nos seres humanos, seja por suas contradições ao que se convenciona por *lícito* ou *ordem social*, seja por seus efeitos deletérios que podem ser, muitas vezes, percebidos sem esforços intelectuais.

Com o objetivo de estudar e, por vezes, propor soluções para a criminalidade, surgem dentro da sociologia linhas de pensamento que convergem para um mesmo sentido e reúnem pensadores críticos que procuram teorizar suas observações e raciocínios, definindo, assim, as distintas escolas sociológicas. Várias delas se destacam, como veremos a seguir.

3.1 A Escola de Chicago e a ecologia humana

No fim do século XIX, a cidade de Chicago, no estado de Illinois, nos Estados Unidos (EUA), passou por um processo de urbanização acelerada. Esse fato se deu não só pela intensa chegada de negros vindos do sul do país mas também pela chegada de outros migrantes nacionais e estrangeiros em busca de oportunidades.

Com o crescimento, a cidade passou a ser a segunda mais populosa dos Estados Unidos. Com um grande centro industrial e comercial, ela figurou como uma das mais importantes regiões na seara econômica. Assim como acontecera na Revolução Industrial europeia, também cresceram em Chicago os conflitos sociais, que reverberaram em um aumento da criminalidade. É nesse cenário que surgiu a chamada **Escola de Chicago**.

Em 1990, Howard Becker, professor de Sociologia da Universidade de Washington, na cidade de Seattle (EUA), realizou uma conferência no Programa de Pós-Graduação em Antropologia Social do Museu Nacional – vinculado à Universidade Federal do Rio de Janeiro (UFRJ) –, publicada pela revista *Mana* (Becker, 1996), detalhando a história da Escola de Chicago.

Becker (1996) conta que a Universidade de Chicago foi fundada na década 1890, por uma doação feita por John D. Rockefeller, milionário americano do ramo do petróleo. A universidade começou com poucos professores, entre os quais Albion Small foi o primeiro professor de Sociologia e chefe do primeiro Departamento de Sociologia dos Estados Unidos. Small delineou seu setor com base no modelo alemão, objetivando formar doutores que difundissem o ensino dessa ciência pelo país. Seu departamento foi responsável pela primeira revista de sociologia dos Estados Unidos, a *American Journal of Sociology*, que hoje está entre as maiores revistas do mundo na publicação de ideias e pesquisas sociológicas (Becker, 1996).

Um dos pensadores que influenciaram a Escola de Chicago foi o sociólogo alemão Georg Simmel (1858-1918), formado pela Universidade de Berlim e que, ao lado de Max Weber, é reconhecido como um dos fundadores da sociologia alemã (Ribeiro, 2006). Em suas obras, como *As metrópoles e a vida mental*, Simmel apresenta estudos referentes aos problemas e aos enfrentamentos da cidade moderna e de seus habitantes.

Apoiada pelas ideias de Simmel quanto ao estudo da influência das cidades na vida dos indivíduos, a Escola de Chicago apresentou como característica importante o rompimento com a especulação na observação dos fenômenos sociais. Seus pensadores formularam um método científico que consagrou a teorização no estudo do comportamento social do indivíduo por meio da observação delineada por ditames objetivos.

O crescimento da metrópole de Chicago no início do século XX serviu de cenário para o desenvolvimento das novas teorias sociológicas. Dessa forma, a sociedade urbana serviu de referência para os estudos da Escola de Chicago, e esta ocupou-se de estudar os fenômenos sociais urbanos, os imigrantes, as relações raciais e o problema das populações negras do país (Valentin; Pinezi, 2012).

Seus pensadores instituíram o que se chamou de *ecologia humana* e passaram a questionar se o espaço físico (o *habitat*) bem como as relações sociais tinham influência no modo e no estilo de vida das pessoas que ali viviam. No que tange à criminalidade, os estudiosos procuraram saber se o crime é produto do meio ou se é uma ação deliberada contida no interior dos indivíduos.

Em suma, como veremos adiante, os pensadores da Escola de Chicago entendiam que, num cenário de grande migração e mobilidade na sociedade, haveria uma ruptura dos dispositivos que mantêm a ordem social do espaço. Assim, os indivíduos que chegam a esse local trazem consigo modos de vidas distintos dos moradores antigos que já têm uma cultura própria. Desse encontro de diferenças culturais, nasce o conflito que gera a desordem, propiciando um relaxamento dos freios morais originais do local, com o consequente aumento da criminalidade.

Avançando nos estudos da Escola de Chicago, o sociólogo Robert Erza Park (1864-1944), nascido na Pensilvânia (EUA), foi um dos pensadores responsável pela idealização do método de **observação participante**. Ele desenvolveu, juntamente com sociólogo Ernest Watson Burgess (1886-1966), nascido em Ontário (Canadá), a **teoria da ecologia humana**.

Dessa forma, a cidade consagra a concepção de *ecologia*, pois ela é o *habitat* do ser social, um lugar ampliado de observação dos conflitos sociais, no qual vivências e histórias individuais são construídas por relações interpessoais que geram sentidos, sentimentos e significações. E é o questionamento sobre a relação do homem com seu *habitat* que move a teoria da ecologia humana.

Nesse sentido, Park mesclou métodos antropológicos às pesquisas do homem urbano da época e ainda propôs uma analogia entre as organizações da vida vegetal e da vida humana em sociedade.

> *Em certo momento, ele defendeu a ideia de que o espaço físico espelhava o espaço social, de modo que se se pudesse medir a distância física entre populações, se saberia algo sobre a distância social entre elas. É uma metáfora interessante, que levou ao desenvolvimento de uma área chamada ecologia, não no sentido que usamos hoje, de preservação do meio ambiente, mas a noção de ecologia na forma usada pela biologia vegetal daquela época, e que se referia à competição pelo espaço.* (Becker, 1996)

Dessa maneira, Batista (2013) esclarece que Park propõe uma similaridade entre as cidades e os meios ambientes encontrados na natureza. Para o estudioso, as cidades são regidas pelas mesmas forças presentes na evolução darwiniana e que atuam na natureza. Nesse caso, a competição seria a força mais importante, pois, assim como na natureza os indivíduos disputam territórios e criam nichos ecológicos (áreas naturais) por serem submetidos às mesmas pressões ecológicas, as pessoas das cidades apresentam características sociais similares. O autor destaca que Park anuncia outros tipos de relações ecológicas como a protocooperação, em que indivíduos se associam em busca do bem comum, o que explicaria a solidariedade encontrada nos guetos urbanos.

A formulação dessas concepções deu corpo à formação de uma escola de estudos sobre criminalidade de grande relevância na atualidade. Mesmo diante de críticas, os pensamentos construídos pela Escola de Chicago reverberam fortemente na academia. Veremos adiante as demais teorias que marcaram essa escola.

3.2 Teoria da desorganização social ou teoria da ecologia criminal

Como explicamos anteriormente, a Chicago do início do século XX foi marcada por um grande fluxo migratório, que reuniu pessoas de várias partes dos Estados Unidos, bem como do mundo. De modo que essa faceta cosmopolita concorreu para uma desordem provocada pela diminuição dos mecanismos de controle social.

Pela observação do maciço desenvolvimento econômico dos Estados Unidos no início do século XX, que passou a demandar numerosa mão de obra, os sociólogos **Clifford R. Shaw** (1895-1975), nascido em Indiana (EUA), e **Henry Donald McKay** (1899-1980), nascido na Dakota do Sul (EUA), ambos professores da Universidade de Chicago, criaram a chamada *teoria da desorganização social* ou *ecologia criminal*.

Como já dissemos, o desarranjo provocado pelo grande desenvolvimento já mostrava seus efeitos na população estudada nas pesquisas da Universidade de Chicago. Os conflitos sociais se apresentavam como consequência da falta de capacidade das cidades em acomodar seus imigrantes, tendo como reflexo o aumento da criminalidade (Shecaira, 2012).

A teoria proposta por Shaw e McKay procura compreender os eventos criminosos levando em conta a desorganização estrutural das grandes cidades, com maciça e concentrada migração (nacional e estrangeira) somada ao consequente afrouxamento das regras de domínio coletivo (Melhem, 2012).

A **ecologia criminal**, conforme Melhem (2012), é sinônimo do pensamento da Escola de Chicago, é a aplicação, por analogia, dos conceitos ecológicos à estrutura da sociedade humana em relação a seu ambiente tangível, formado por órgãos que tomam corpo num emaranhado de conexões e interligações dependentes entre si.

A autora destaca que as reflexões sobre os fenômenos sociais são mais bem desenvolvidas quando os resultados são justapostos à planta do espaço territorial do grande centro (estrutura ecológica), feito por meio técnicas empíricas (Melhem, 2012).

Os estudos de Shaw e Mckay mostram que instituições como a família, a igreja e a escola produzem o sentimento de pertencimento a uma comunidade e se constituem em barreiras morais para os indivíduos diante de suas vontades. Esses mecanismos de controle inibem comportamentos que se refletem imediatamente nas relações sociais de indivíduos mais próximos uns dos outros, naquilo que podemos chamar de *grupo primário*. Isso se torna mais evidente em pequenas comunidades, ao passo que, quanto maiores forem os aglomerados humanos, quanto maiores forem as cidades e quanto maior for a mobilidade dos indivíduos, menor serão os vínculos de pertencimento; assim, será menor também a força dos mecanismos acima citados.

"A situação de desorganização se constitui pela ausência de laços de solidariedade, relações transitórias, vigilância baixa, proporcionando um ambiente favorável ao aumento da criminalidade" (Melhem, 2012, p. 291). A solução de continuidade dos vínculos locais e a debilitação das restrições e das inibições do grupo primário diante da influência do ambiente urbano são as principais causas do aumento das condutas delituosas nas cidades grandes, gerando, assim, a desorganização social (Shecaira, 2012).

Histórias reais

Certa ocasião, um magistrado ministrava uma palestra sobre segurança pública e explanou sobre vigilância (policiamento) e controle de criminalidade. Ele deu o exemplo de uma pessoa que ficava sempre na janela de sua casa observando o movimento da rua.

Esse tipo de pessoa coscuvilheira, mais conhecida por *fofoqueira*, inibe certos comportamentos de seus vizinhos, como daquele casal de namorados que pretende ficar até altas horas da noite namorando sem que os pais saibam. Inibe também o comportamento daquelas crianças que pretendem se apossar das frutas ainda verdes da casa do senhor resmungão.

Esses comportamentos podem ser inibidos pelo medo que as pessoas têm de ser denunciadas perante sua própria comunidade. Todavia, a pessoa fofoqueira não é capaz de impedir o roubo ao banco em frente a sua casa, pois os criminosos não estariam preocupados em ser denunciados, tendo em vista que o freio moral de suas condutas não está vinculado ao pertencimento àquela comunidade.

Para refletir

Ao visitarmos algumas cidades brasileiras, percebemos que a sensação de segurança é inversamente proporcional à desorganização urbana. Nas periferias ou nas cidades do entorno das grandes metrópoles, onde não há ordenação urbana – pedestres e veículos se misturam, as calçadas são ocupadas por entulho ou não há calçadas e há grande presença de poluição visual e sonora – nesse caso, a sensação de segurança se torna menor? Já em lugares nos quais o ordenamento urbano se caracteriza por uma "ordem" respeitada, a sensação de segurança aumenta?

A inovação da Escola de Chicago ocorreu pelos estudos com base no empirismo, contrapondo-se aos pensamentos teórico-filosóficos europeus que dominavam a jovem ciência da sociologia naquele momento. Com pensamentos mais voltados para o meio social e para sua influência sobre o indivíduo, os pensadores de Chicago se distanciaram das concepções idealistas então vigentes. Ao adotarem o pragmatismo e o empirismo por princípios para a compreensão das interações humanas no convívio social, passaram a desenvolver ferramentas que até hoje são utilizadas pelos sociólogos em seus estudos. Melhem (2012) destaca que, diante dos problemas observados na cidade, os pesquisadores da Universidade de Chicago mostraram interesse em trabalhos pragmáticos, que contribuíssem de alguma forma para a resolução dos problemas enfrentados pela população, tendo por fundamento suas próprias ações.

Assim, os sociólogos de Chicago desenvolveram pesquisas qualitativas e quantitativas e organizaram métodos descritivos, realizando estudos com base em histórias de vidas individuais ou de grupos com características em comum.

Os trabalhos tomavam por base informações e dados produzidos diretamente pelos próprios pesquisadores, o que tornava as pesquisas originais e muito mais fiéis aos fenômenos sociais estudados.

O retrato narrado do cotidiano dos indivíduos analisados garantia a fidelidade às vozes que ecoavam na sociedade, ou seja, a realidade estava muito mais presente e viva nos trabalhos dos pesquisadores. Os sujeitos examinados passaram a dialogar com as pesquisas, dando a elas uma impressão de que eram mais próximas da realidade das condições e das formas de viver social das pessoas em seu meio.

O comportamento desviante podia ser relatado pelos próprios sujeitos. Com os estudos biográficos, alcançava-se o âmago das interações sociais e, assim, era possível conhecer a história de vida dos indivíduos, sendo eles criminosos ou não. Com a metodologia desenvolvida, entendia-se ser possível conhecer as faces ocultas dos guetos, das gangues e até dos grupos de criminosos.

O que verificamos ao longo da história é que a Escola de Chicago influenciou sobremaneira as bases do estudo sociológico contemporâneo dos Estados Unidos e do mundo. O olhar aproximado da realidade retratada por meio dos métodos biográficos da Escola de Chicago, por certo, contribui para uma efetiva participação dos indivíduos nas resoluções de seus problemas.

Porém, seus críticos apontam que a escola se descuidou das teorias sociológicas aplicadas e compôs um pensamento que superdimensiona a reflexão intelectual.

Cruz (2011) apresenta alguns autores críticos das teorias da Escola de Chicago, entre eles, Willian Foote Whyte, que pondera sobre como dimensionar a influência da desorganização social nas ações de gangues e nos índices de criminalidade. Whyte (2005, citado por Cruz, 2011) realizou estudos etnográficos e verificou que os membros das gangues eram adultos jovens que tinham poucas oportunidades fora de seu grupo social e de suas comunidades. O pesquisador resistiu à ideia do determinismo quanto à influência do meio social no comportamento do indivíduo, pois ele não viu um comportamento generalizado para o crime, tampouco entendeu que as comunidades careciam de estrutura social. Na visão de Whyte (2005, citado por Cruz, 2011), os jovens se reúnem em gangues em busca de dar sentido à própria existência.

Nesse sentido, entendemos que as teorias da Escola de Chicago não são suficientes para entender a dinâmica social, carecendo de uma reflexão filosófica acerca da existência do indivíduo.

Ainda segundo Cruz (2011), Whyte apresenta o exemplo de uma comunidade italiana de North End, na cidade de Boston (EUA), que apresentava diversos problemas daqueles citados pela teoria da desorganização social. As famílias italianas, contudo, possuíam as próprias tradições, os próprios costumes e a própria religião, sofriam dificuldades econômicas e problemas sociais diversos e não eram carentes de estrutura social, apenas divergiam da cultura norte-americana dominante.

Kornhauser (1978, citada por Cruz, 2011, p. 24) redefiniu a desorganização social como a "incapacidade de uma comunidade realizar objetivos comuns relacionados ao controle social de suas crianças e seus jovens". Um questionamento importante feito por Cruz (2011, p. 24) é o de que a "teoria da desorganização social consiste em não explicar por que a maioria dos jovens pobres não cometeria delitos e por que os jovens de áreas de maior renda cometeriam delitos".

Essa indagação foi apresentada pela teoria da **associação diferencial** ou **aprendizado social** (Sutherland; Cressey, 1955). Resumidamente, essa abordagem considerou que o processo de aprendizado social explicaria diversos crimes, independentemente de eles serem associados à pobreza.

Estudos desenvolvidos em contraponto à teoria da desorganização social verificaram que o **efeito de vizinhança** não é uma constante, colocando dúvidas sobre o determinismo social atrelado aos indivíduos que compõem o tecido social de certas áreas da cidade (Sutherland; Cressey, 1955).

Segundo Cruz (2011), os pesquisadores Mosher (2005) e Scott (2005) também criticaram o uso de dados oficiais, visto que são tendenciosos e expressam as preocupações e as tendências das agências policiais sobre a criminalização dos jovens pobres, não observando com cuidado os ilícitos perpetrados por jovens de maior renda. "Adicionalmente, essa questão expressa à [sic] relevância de estudos de comportamento das agências policiais" (Cruz, 2011, p. 24).

Cruz (2011) relata que Skolnick (2001) entende que as teorias da Escola de Chicago inspiraram diversas políticas públicas, mas muito pouco os trabalhos policiais, que, na realidade cotidiana, influenciam de forma mais contundente a vida dos indivíduos cujo comportamento, na maioria das vezes, é objeto de estudo da citada escola.

3.3 A teoria da associação diferencial em Sutherland

O sociólogo Edwin Hardin Sutherland (1883-1950) elaborou a teoria da **associação diferencial**, apresentada em 1939 no livro *Principles of criminology* e que sofreu modificação na edição de 1947 (Ferro, 2008).

Sutherland desenvolveu sua teoria afirmando que o comportamento do indivíduo é conduzido num processo de contato associativo com os outros, que, no conjunto, interpretam as normas em favor do grupo.

Ferro (2008, p. 145) destaca que Sutherland construiu a teoria da associação diferencial levando em conta "princípios que dizem respeito ao processo pelo qual uma determinada pessoa mergulha no comportamento criminoso". Para exercer o comportamento criminoso, o indivíduo ponderaria e avaliaria as acepções favoráveis e desfavoráveis da lei e as converteria em orientação para suas atitudes. Quando as acepções favoráveis à violação da lei superam as desfavoráveis, o comportamento criminoso é realizado (Ferro, 2008). Segundo a autora, outros comportamentos também são observados, entre eles:

> a) *o comportamento criminoso é aprendido, o que implica a dedução de que este não é herdado e de que a pessoa não treinada no crime não inventa tal comportamento, da mesma maneira que o indivíduo sem treinamento em Mecânica não cria invenções mecânicas;*

> b) *o comportamento em questão é aprendido em interação com outras pessoas, em um processo de comunicação, que é, em muitos aspectos, verbal, o que não exclui a gestual;*

c) *a principal parte da aprendizagem do comportamento criminoso se verifica no interior de grupos pessoais privados, significando, em termos negativos, o papel relativamente desimportante desempenhado pelas agências impessoais de comunicação, do tipo dos filmes e jornais, na gênese do comportamento criminoso;*

d) *a aprendizagem de um comportamento criminoso compreende as técnicas de cometimento do crime, que são ora muito complexas, ora muito simples, bem como a orientação específica de motivos, impulsos, racionalizações e atitudes;*

[...].

(Ferro, 2008, p. 145)

Sutherland (2014) rompe com as ideias tradicionais de que crimes são cometidos por indivíduos pobres. Ele inova e, em sua obra *White Collar Crime*, de 1949, criou a expressão que no Brasil ficou conhecida, numa tradução livre, como *crime do colarinho branco*. Sutherland (2014) argumenta que não são só indivíduos pobres, moradores de regiões problemáticas do ponto de vista social, que cometem crimes. Ele observou que pessoas ditas de alto nível social e intelectual também os praticam. Homens de negócios e industriais perpetram infrações por meio de negócios fraudulentos advindos de ações econômicas delituosas praticadas no sistema financeiro ou mesmo na administração das empresas, seja no comércio, seja na indústria.

Para Sutherland (2014), o comportamento criminoso se aprende, assim como todo e qualquer comportamento. Dessa forma, o indivíduo assimila a conduta observada no meio social e a reproduz. Não basta viver em um ambiente "desfavorável" para que o sujeito se torne criminoso, pois devem existir processos de comunicação e de aprendizagem advindos das relações mais próximas do ser social.

Assim, nas relações de proximidade (família, grupo de amigos, trabalho) é que se aprende a conduta criminosa, que se descobre como realizá-la. No contato íntimo, definem-se os motivos, ou seja, as razões para om comportamento delituoso. Diante disso, um indivíduo que é submetido a um contato prolongado com modelos delitivos tende a ser influenciado de maneira negativa.

Nesse sentido, Sutherland (2014) procura explicar a delinquência nas classes privilegiadas da sociedade vinculando a existência da conduta criminosa às associações e aos contatos diferenciais do indivíduo aos modelos de comportamento e de vivência que se lhe apresentam. Quanto maior for o prestígio que uma pessoa ou um grupo modelo possui em relação ao sujeito, maior será a influência em seu comportamento.

Resumindo, a teoria associação diferencial questiona a ideia de que o comportamento criminoso se desenvolve do mesmo modo e pelos mesmos princípios que o comportamento legal. Por tratar de associação entre indivíduos que sistematicamente apresentam atitudes delituosas, a teoria contempla um processo de aprendizagem, concluindo que a conduta criminal pode ser aprendida.

3.4 A sociologia do desvio em Becker

Ao longo de nossas aulas com alunos de graduação na disciplina de Sociologia, ao falarmos sobre o que é certo ou errado, surge a concepção de que tudo é relativo. Esse debate é, de certo modo, compreensível, conforme veremos nesta seção.

O sociólogo da Escola de Chicago Howard Saul Becker, nascido em Illinois (EUA) em 18 de abril de 1928, em seu trabalho intitulado *Outsider*, realiza uma reflexão sobre a relativização das regras sociais quando se trata das condutas tidas como "certas" ou "erradas". Becker desenvolveu a **sociologia do desvio** ao estudar os comportamentos de usuários de maconha e de músicos de casas noturnas, pessoas compreendidas como "desviantes" ou como aquelas que não se enquadram nas regras estabelecidas.

O autor procurou explicar o uso da maconha como forma de obter prazer, sugerindo um processo em que o indivíduo necessita passar por um aprendizado sobre a técnica de fumar o entorpecente antes de fazer uma conexão entre o uso, os efeitos e a consequente sensação de prazer.

Assim como os alunos de Sociologia se questionam sobre o que seja certo ou errado, Becker entende que comportamento desviante não é algo internalizado no indivíduo, mas fruto de um processo de construção social que é resultado dos conflitos dos grupos existentes na sociedade.

Dessa forma, o comportamento adequado ou correto é definido por um grupo que consegue impor sua visão de mundo aos outros. Diante disso, Becker (2008, p. 15) vislumbra que "aquele que infringe a regra pode pensar que seus juízes são *outsiders*".

Um ato é desviante ou não dependendo de como os indivíduos reagem a ele (Becker, 2008) e sua aceitação ou desaprovação, ao que indica Becker, acaba se tornando pessoal. Segundo o autor, "O grau em que um ato será tratado como desviante depende também de quem o comete e de quem se sente prejudicado por ele" (Becker, 2008, p. 25). O estudioso menciona, com base em estudos sobre a delinquência juvenil, que processos legais aplicados a meninos da classe média tendem a não ir tão longe como os aplicados a meninos de bairros pobres. Assim também é a reação das pessoas ao ato desviante, que pode variar conforme seu grau de publicidade; quanto maior a visibilidade do ato, maior poderá ser sua reprovação.

Além disso, o ato desviante é percebido de forma distinta pelos indivíduos, levando-se em consideração a relação deles com o objeto do ato. Becker usa o exemplo de uma pessoa que procura vários médicos na expectativa de encontrar o melhor tratamento para sua doença. Do ponto de vista do paciente, esse é o melhor comportamento a ser seguido; aos olhos dos médicos, todavia, esse comportamento pode ser considerado reprovável, pois coloca em dúvida a relação de confiança que deve existir entre médico e paciente.

Em suma, as regras são definidas pelos grupos dominantes e, em geral, são aceitas pelos demais membros da sociedade. Contudo, regrais formais, impostas por algum grupo especialmente constituído, podem diferir daquelas de fato consideradas apropriadas pela maioria das pessoas" (Becker, 2008, p. 28).

Em seu trabalho, Becker (2008, p. 47) conclui que "o passo final na carreira de um desviante é o ingresso num grupo desviante organizado", do qual os membros têm em comum o desvio. Para o autor, o sentimento de pertencimento fortalece ou solidifica a identidade desviante, por conta da qual o grupo nutre uma aversão às regras morais definidas pela convenção social, sejam elas de ordem moral, sejam de ordem jurídica.

Becker também menciona os atos praticados por ignorância das normas e questiona o que motiva alguém a praticar um ato desviante, além de indagar sobre quem, de fato, obriga os outros a aceitarem suas regras. Ele conclui, então, que os poderes político e econômico são determinantes nesse processo e que as pessoas, a todo tempo, estão impondo às outras suas regras.

Segundo o teórico, a existência dos discursos legitimadores do poder não acontece por acaso, pois eles são ferramentas próprias dos dominantes para manter os dominados sob controle. Por isso, as regras precisam ser impostas. Becker (2008, p. 153) entende que "as regras são produto da iniciativa de alguém", os chamados *empreendedores morais*, que se dividem em **criadores** e **impositores** de regras. O autor (2008, p. 153) denomina como "cruzado" o defensor da Lei Seca*, que seria um indivíduo intrometido, interessado em impor sua moral aos outros, acreditando ter uma missão sagrada.

Questões para reflexão

As regras impostas pela sociedade servem para que todas as pessoas alcancem a felicidade?

Leis como a Lei Seca, pelas quais as pessoas são proibidas de consumir determinado produto para alcançar a felicidade, são legítimas?

Becker (2008) menciona os impositores profissionais, que criam *outsiders* seletivamente, pois relacionam as regras de desvio à preservação de suas profissões, para que se mantenha sua razão de ser, ou seja, as regras que determinam os desvios sofrem influência não do bem-estar geral ou da felicidade dos indivíduos em sociedade, mas, com maior força, de interesses institucionais.

Podemos citar, como exemplo, o prefeito de São Paulo, João Doria, que, em 2017, implementou uma política de combate às pichações e aos grafites incrustados nos muros da cidade. A visão dos apoiadores do prefeito era a de que a pichação é um ato desviante, moral e legalmente definido como *errado*. Os pichadores e grafiteiros (*outsiders*), contudo, entendem que seus comportamentos são legítimos e podem ser contrários à ordem imposta. A mídia, de certa forma, procurou ouvir os grupos desviantes e foi criticada pelos opositores da pichação.

---

* Foi uma lei federal norte-americana que entrou em vigor em 1920, proibindo a produção, o transporte e a comercialização de bebidas alcoólicas nos Estados Unidos.

Voltando a Becker (2008), o autor entende que, ao estudar atos desviantes, o pesquisador escolhe um lado. Não que seja impossível abordar outros; isso, todavia, não pode ser feito simultaneamente. Mesmo que procure ser imparcial, o pesquisador será acusado de tendencioso, tendo em vista a perspectiva adotada por ele no momento da pesquisa. Com relação a toda essa discussão, Becker tece um comentário sobre o comportamento do pesquisador diante do comportamento desviante, apresentando considerações sobre as palavras obscenas:

> Alguns pensam que elas nunca deveriam ser usadas. Outras gostam de escrevê-las nas calçadas. Em ambos os casos, essas palavras são vistas como algo especial, dotadas de um mana particular. Mas certamente é melhor vê-las simplesmente como palavras que chocam algumas pessoas e deliciam outras. Passe-se o mesmo com o comportamento desviante. Não devemos vê-lo como algo especial, depravado ou, de alguma maneira mágica, melhor que outros tipos de comportamento. Cumpre vê-lo simplesmente como um tipo de comportamento que alguns reprovam e outros valorizam, estudando os processos pelos quais cada uma das perspectivas, ou ambas, é construída e conservada. (Becker, 2008, p. 177-178, grifo do original)

Diante disso, podemos concluir que, para Becker, o pesquisador não deve se apaixonar pelo objeto de pesquisa. Não obstante, encontramos muitas vezes pesquisadores que fazem a defesa dos comportamentos desviantes pesquisados, assim como aqueles que demonizam os mesmos comportamentos. Ao perceber que as normas de fato são impostas por grupos dominantes que possuem o poder de obrigar sua vontade aos demais, o pesquisador dever entender a necessidade de não propor um endeusamento de sua visão, pois ela é obtida com base em um ponto de vista unilateral. Caso contrário, corre o risco de fortalecer ainda mais as forças dominantes.

Ao observarmos as pesquisas sobre criminalidade e violência no Brasil, verificamos que elas são eivadas de paixões, assim como a formulação de políticas públicas para remediar essas questões é, do mesmo modo, contaminada por pensamentos unilaterais.

Ao longo do tempo, Becker reordenou as próprias ideias e chamou a atenção para sua insatisfação com a denominada *teoria da rotulação*, expressão infeliz criada com base em suas reflexões. O autor esclareceu que essa concepção não se tratava de uma teoria nem teria a pretensão de explicar comportamentos desviantes pela simples rotulação dos indivíduos, mas, por meio desse pensamento, demonstrava que a rotulação é um aspecto que impõe ao sujeito rotulado uma dificuldade de levar sua vida cotidiana da mesma maneira que antes (como é o caso daqueles que são reconhecidos pela expressão "tem passagem pela polícia"), incitando ações anormais e predispondo-o à atividade ilegal (Becker, 2008).

A reordenação de pensamentos fez surgir uma contribuição à teoria interacionista do desvio. Segundo Lima (2001, p. 191), para "os interacionistas, a moralidade de uma sociedade é socialmente construída; ela é relativa aos atores, ao contexto social e a um dado momento histórico". Por isso, é necessário que existam construtores dessa moralidade.

> *Dessa maneira, a moralidade pode ser definida pelas pessoas cujas reivindicações são baseadas em seus próprios interesses, valores e visão de mundo. Considerando-se que o desvio é uma definição social, os interacionistas se preocupam com sua construção, com a forma que certos rótulos são colados em algumas pessoas, com as consequências que tal fato pode engendrar neles e nos que os rotularam assim.*

[...]

> *O desvio e seu controle são agora encarados de maneira dialética, através de um processo de interação dinâmico e variável entre as duas partes.* (Lima, 2001, p. 191-192)

O interacionismo tem importância para o mundo acadêmico ao apresentar o papel dos "construtores" ou "legitimadores" do desvio, que está envolto num processo de constante elaboração. Assim, é fundamental o entendimento do processo de sedimentação do interacionismo no que diz respeito à análise das práticas sociais e dos papéis construídos e representados no curso das interações (Lima, 2001; Miskolci, 2005).

A existência de grupos dominadores da moralidade social determina a proposição de normas reguladoras que demandam conflitos diante dos comportamentos desviantes. Assim, a moralidade construída deve ser posta à prova diante do empirismo das pesquisas sociológicas.

A contribuição de Becker, entre outras situações, está no fato de propor que o pesquisador deve se mostrar atento para que possa realizar uma análise criteriosa e mais próxima do real, sem deixar que suas paixões interfiram nos resultados do próprio trabalho.

3.5 Os estabelecidos e os *outsiders* em Elias e Scotson

Norbert Elias (1897-1990) e John L. Scotson (1928-1980) publicaram em 1965 a obra *Os estabelecidos e os outsiders: sociologia das relações de poder a partir de uma pequena comunidade*. Já no prefácio, os autores esclarecem que o livro tem como foco uma pequena comunidade inglesa, estudada por ter a formação de novas povoações em torno de um bairro mais antigo e estruturado. O que aguçou a curiosidade dos pesquisadores foram os índices de delinquência mais elevados nos novos bairros (Elias; Scotson, 2000).

O próprio título da obra, *Os estabelecidos e os outsiders*, apresenta a dimensão estudada, ou seja, a relação de um grupo de moradores antigos da comunidade com os recém-chegados. As relações de poder entre ambos, vivenciadas no cotidiano, são marcadas por conflitos de legitimidade sobre o local.

Os autores estudaram as relações de vizinhança de uma cidade cujo nome fictício é Winston Parva, na Inglaterra industrial, apresentado as visões dos moradores conforme a ocupação geográfica do lugar e a rede de famílias antigas e estudando o comportamento dos jovens e até mesmo a fofoca.

A etnografia é o método utilizado no trabalho. Assim, as impressões obtidas pelo sentimento de pertencimento dos estabelecidos ao local dadas pelas representações de antiguidade familiar fortalecidas pelo tempo são expostas em contraposição aos sentimentos dos *outsiders*.

Elias e Scotson (2000, p. 126) tratam do medo em relação ao outro: "Os 'aldeões', apesar de bem entrincheirados e poderosos em relação aos recém-chegados que se instalaram no loteamento, decerto acharam que seus novos vizinhos ameaçavam seu estilo de vida já muito bem estabelecido". Dessa forma, percebemos que os residentes mais antigos criaram aversão aos mais novos, determinando estigmas de desaprovação social em relação às crenças, à cultura e ao comportamento dos recém-chegados, surgindo daí os conflitos.

O tempo de vivência em sociedade estabelece padrões de comportamento, fazendo com que os cidadãos mais velhos, que convivem há muito tempo uns com os outros, tendam a saber de antemão, com certeza, como cada um reage em determinadas situações (Elias; Scotson, 2000).

O que observamos no relato dos autores é que os estabelecidos construíram uma vivência comum, fortalecendo determinados códigos aceitos pela comunidade. Com a chegada de uma nova vizinhança, esses códigos acabaram se tornando privilégio somente da comunidade mais antiga, e comportamentos tidos como exclusivos dos moradores mais antigos se tornaram proibidos aos novos vizinhos.

Para ilustrar esse fenômeno, Elias e Scotson (2000) relatam a história baseada em um romance da escritora americana Harper Lee, que conta a saga de Tom Robinson, um jovem negro que fora acusado de manter relações com uma mulher branca na cidade de Maycomb, no Alabama (EUA). Em suma, a história se passa numa cidade na qual o poder social também estava ligado à longevidade de uma tradição comum das velhas famílias brancas, que não admitiam que homens negros mantivessem relações com suas mulheres, um privilégio dos homens brancos.

Mesmo diante de todas as evidências em favor de sua inocência, Tom foi condenado. Os moradores locais, contudo, criaram uma situação para a fuga de Tom e o mataram. A conclusão é que os moradores estabelecidos não admitiam a violação de suas próprias regras, que deveriam ser impostas aos novos moradores. Segundo Elias e Scotson, (2000, p. 2098), "o assassinato de um homem negro, suspeito de um crime sexual contra uma mulher branca, tinha estreita conexão com a perda de valor que os homens brancos experimentariam, caso não fossem capazes de vingar o crime".

A visão de que os *outsiders* não são alinhados à ordem – e são tidos até mesmo como "sujos" pelos estabelecidos – aparece não só nas comunidades ocidentais. Elias e Scotson apresentam o caso de uma comunidade *outsider* japonesa (os *burakumin*), que eram tratados como imundos. Ao longo do tempo, os próprios *outsiders* acabaram por incorporar os rótulos e aceitaram a condição de "ilegais" ou "marginais" perante os estabelecidos (Elias; Scotson, 2000).

Nesse sentido, a linguagem é um meio para a fixação, a manutenção e a perpetuação da rotulagem dos *outsiders*, determinando o ideário dos estigmas a eles perpetrados. Assim, no relato de Elias e Scotson (2000), a estigmatização por meio da maledicência (fofoca) é um fator primordial para a determinação das diferenciações entre os estabelecidos (aldeões) e os *outsiders* (pessoas do loteamento). Os mexericos e os boatos são as matérias-primas para a construção da imagem dos *outsiders*, que tacitamente (como um jovem atual que sofre calado com o *bullying*) vão incorporando as narrativas dos impropérios como sendo verdadeiras.

Os estudos mostram que a hierarquia construída pelas famílias antigas de uma sociedade se impõe ao novo cenário criado na vizinhança. Os grupos estabelecidos de antigos residentes numa dada região estão ali por duas ou três gerações e possuem um estoque de lembranças, apegos e aversões comuns, bem como apresentam uma coesão, como grupo, que falta aos recém-chegados (Elias; Scotson, 2000).

Nesse caso específico, deparamo-nos com um desses grupos num momento em que sua situação de superioridade em relação aos *outsiders* ainda é plenamente mantida. "A própria existência de *outsiders* interdependentes, que não partilham do reservatório de lembranças comuns e nem tampouco, ao que parece, das mesmas normas de respeitabilidade" dos antigos (Elias; Scotson, 2000, p. 45), é um fator de irritação, pois é percebida pelos membros desse grupo como um ataque a sua imagem e a seu ideal de "nós". Dessa maneira, a rejeição e a estigmatização dos *outsiders* constituem o contra-ataque dos estabelecidos. Estes se sentem compelidos a repelir aquilo que julgam uma ameaça a sua superioridade de poder (em termos de sua coesão e de seu monopólio dos cargos oficiais e das atividades de lazer), a sua superioridade humana e a seu carisma coletivo, e o fazem por meio de um contra-ataque composto por rejeição e humilhação contínuas ao outro grupo (Elias; Scotson, 2000).

No comando de uma unidade da Polícia Militar em determinada cidade do interior do Paraná, pudemos perceber constantemente esse fenômeno em relação aos bairros de periferia. Os moradores do centro da cidade tinham a ideia de que um bairro afastado era muito violento. Os índices de criminalidade dessa região, todavia, ficavam bem abaixo dos índices do centro da cidade. Ao apresentar esses dados aos moradores desse local, uma surpresa tomava conta deles e, para manterem sua posição de "estabelecidos", chegavam à conclusão de que os moradores daquele bairro distante saíam de sua área para efetuarem roubos no centro da cidade.

Questões para reflexão

Diante de um cenário como o descrito anteriormente, quem são os agentes da lei que compõem os quadros das instituições policiais? Com qual dos grupos esses agentes se identificam? O perfil da composição dos quadros policiais influencia a relação entre a instituição da polícia e a comunidade na qual os agentes atuam?

Essa constatação sobre crimes e áreas de estabelecidos e de *outsiders* é apresentada por Elias e Scotson (2000) quando analisam estatísticas dos bairros de Winston Parva:

> Tal como outras áreas industriais, Winston Parva tinha alguns jovens que eram quase delinquentes ou delinquentes. Em 1958, alguns provinham da Zona 2, um número maior da Zona 3 e nenhum da Zona 1. Como em toda parte, só uma minoria desses jovens era levada aos tribunais. Naquele ano, as cifras da delinquência juvenil corresponderam a 19 casos, ou 6,81% das crianças de 7 a 16 anos da Zona 3, comparados a 3 casos, ou 0,78%

das crianças da mesma faixa etária na Zona 2. A diferença entre os índices de delinquência das duas zonas era considerável. Além disso, duas das três condenações de jovens da "aldeia" foram de adolescentes que cometeram pequenas transgressões da lei e apenas um foi condenado por um crime contra a propriedade. Na Zona 3 verificava-se o inverso. Nela, 17 dos 19 delinquentes juvenis foram levados aos tribunais por crimes contra a pessoa ou a propriedade. Os outros dois foram condenados por pequenas infrações, como dirigir bicicletas que não atendiam às normas de segurança ou brincar na via férrea. É provável que alguns jovens do loteamento e da "aldeia" cometessem delitos sem ser apanhados. Apesar disso, a grande maioria dos jovens das duas zonas mantinha-se dentro da lei. (Elias; Scotson, 2000, p. 134)

Os autores concluem que jovens pertencentes ao grupo dos estabelecidos contavam com padrões coletivos fortalecidos e bem marcados. Esses padrões eram impostos e seguidos não só pelas próprias famílias mas também pelos vizinhos, que, muitas vezes, auxiliavam nos cuidados dos jovens na ausência de seus pais. Esse cenário não era igual ao do chamado "loteamento", onde os jovens, muitas vezes, quando os pais saiam para o trabalho, ficavam aos cuidados de si mesmos. Assim, não tinham padrões estabelecidos a serem seguidos, pois nem a família, nem os vizinhos (que não partilhavam dos mesmos ideais) estavam ali para definir o comportamento adequado (Elias; Scotson, 2000).

Dessa forma, há o estabelecimento de "pessoas do bem" (estabelecidos) e "pessoas do mal" (*outsiders*), chamada de **hierarquia classificatória** das famílias ou de **ordem de status** de uma comunidade, que não é elucidada e tida como uma situação de fato imposta.

Uma situação irônica muito comum é dizer que as polícias (ou seus agentes) são instituições "inteligentes", pois abordam de igual forma um "criminoso inteligente", pois estão sempre à procura de alguém que seja suspeito. Para ser suspeito, contudo, o indivíduo deve estar fora de algum padrão; assim, chamará a atenção sobre si. Decorre daí que um potencial criminoso somente se colocaria em evidência caso carecesse de uma esperteza peculiar – a camuflagem – para não ser pego durante o ato delituoso. Dessa forma, as abordagens policiais com base na suspeita infundada – ou mesmo na fundada –, *grosso modo*, somente são capazes de evitar que criminosos "descuidados" ou mesmo amadores sejam apanhados.

Relações de conflito entre estabelecidos e outsiders também aparecem nos estudos do sociólogo brasileiro José de Souza Martins (1938-), quando trata dos conflitos em relação às fronteiras. Sandra Cristiana Kleinschmitt, em palestra realizada em março de 2017 na Faculdade Assis Gurgacz – em Toledo, no Paraná – sobre sua tese de doutorado *As mortes violentas na Tríplice Fronteira: números, representações e controle social. Estudo comparativo entre Brasil, Paraguai e Argentina*, aponta os conflitos de *outsiders*. A pesquisadora comentou o caso da Vila "C" Nova, bairro afastado do centro de Foz do Iguaçu (PR), em que foram alocadas famílias de vários bairros carentes da cidade. O novo bairro apresentou índices de criminalidade altos, o que sugeriu os enfrentamentos dos novos moradores, que não possuíam padrões preestabelecidos, o que fez surgir casos sangrentos seguidos de uma estabilização da situação (Kleinschmitt, 2016).

Por fim, ao sugerirem a existência das categorias de estabelecidos e de *outsiders*, Elias e Scotson (2000) contribuem para a identificação do que sejam a marginalização e a exclusão. Os conflitos nas sociedades surgem e dependem dos valores advindos dos comportamentos sociais aceitos pelos grupos em contenda. Assim, a resolução desses confrontos reside na compreensão do sistema de valores impostos aos grupos envolvidos, identificando-se a relação de poder e suas influências na possibilidade de eliminação da estigmatização entre eles e na promoção da interação entre estabelecidos e *outsiders*.

3.6 O estigma em Goffman

Erving Goffman (1922-1982) foi um sociólogo canadense que elaborou o conceito de **estigma** como construção social. Seus estudos permeiam não só a sociologia criminal como também a psicologia social. Ao apresentar suas considerações sobre os temas: o self na vida diária (na obra *The Presentation of Self in Everyday Life*, publicada em 1956) e os manicômios, Goffman restaura a investigação etnográfica e passa a servir de base para os estudos contemporâneos (Nunes, 2009).

Martins (2014) relembra que Goffman desenvolveu simpatia pela sociologia durkheimiana e, consequentemente, pela abordagem teórica da antropologia conhecida como ***estrutural-funcionalista*** do britânico Alfred Reginald Radcliffe-Brown (1881-1955).

Conforme explica Goffman (2004, p. 5), foram os gregos que, ao tratarem do *"status* moral", cunharam o termo *estigma*, pelo qual identificavam marcas no corpo que apontavam algo ruim, algo fora do comum, nas pessoas. As marcas corporais evidenciavam categorias de indivíduos como escravos ou criminosos, entre outros, que não seriam de confiança, pois eram pessoas desagradáveis ou perigosas. A palavra *estigma* hoje é mais ligada à desgraça do que a uma marca corpórea.

Goffman (2004) esclarece que a sociedade estipula uma categorização social das pessoas, determinando a quantidade de especificidades que cada indivíduo necessita possuir para pertencer a determinada categoria. O autor destaca, contudo, que, em seu entendimento, estigma é "usado em referência a um atributo profundamente depreciativo, mas o que é preciso, na realidade, é uma linguagem de relações e não de atributos" (Goffman, 2004, p. 6). Ademais, um "atributo que estigmatiza alguém pode confirmar a normalidade de outrem, portanto ele não é, em si mesmo, nem horroroso nem desonroso" (Goffman, 2004, p. 6).

O autor identificou três tipos de estigma:

> *Em primeiro lugar, há as abominações do corpo – as várias deformidades físicas. Em segundo, as culpas de caráter individual, percebidas como vontade fraca, paixões tirânicas ou não naturais, crenças falsas e rígidas, desonestidade, sendo essas inferidas a partir de relatos conhecidos de, por exemplo, distúrbio mental, prisão, vício, alcoolismo, homossexualismo, desemprego, tentativas de suicídio e comportamento político radical. Finalmente, há os estigmas tribais de raça, nação e religião, que podem ser transmitidos através de linhagem e contaminar por igual todos os membros de uma família.* (Goffman, 2004, p. 7)

Os estigmas, portanto, são ferramentas usadas pela sociedade para a identificação imediata dos outros na vivência social, por meio de sinais identificadores. Esse comportamento se dá pela redução da criatura de sua plenitude ao mínimo da característica da marca a ela imputada, constituindo-se este como uma depreciação. Em sentido distinto, a não sujeição ao estigma faz do indivíduo um ser normal.

Os indivíduos, de modo geral, desempenham papéis na vida social. Diante disso, os estigmatizados procuram adaptar suas condutas às funções sociais esperadas pelos ditos "normais", o que Goffman (2011) chamou de **linha** e **fachada**.

Linha é o "padrão de atos verbais e não verbais com o qual ela [a pessoa] expressa sua opinião sobre a situação, e através disto sua avaliação sobre os participantes, especialmente ela própria"

(Goffman, 2011, p. 13). O autor esclarece que *fachada* é "o valor social positivo que uma pessoa efetivamente reivindica para si mesma através da linha que os outros pressupõem que ela assumiu durante um contato particular" (Goffman, 2011, p. 13-14).

Modelos e padrões de comportamento são definidos pela sociedade, que os estabelece com base em características que são pensadas como normais ou naturais. Assim, a sociedade determina a que grupo os indivíduos devem pertencer levando em consideração os estigmas apresentados por cada um deles.

Aquele indivíduo que se insurge contra o modelo adotado e recusa a se identificar com o grupo predefinido é tido como ofensivo, um risco ao modelo socialmente adotado. Foge ao controle social e aos padrões normais, rompendo com as forças dominantes que determinam a "harmonia" da sociedade.

O controle social impingido pelas forças dominantes é tão grande a ponto de Goffman (2011) argumentar que uma pessoa com um estigma **não é completamente um humano**. Desse modo, quanto maior for a força dessa marca, menor será a possibilidade de o indivíduo desfazer a imagem socialmente criada sobre sua identidade. O estigma possui uma dimensão brutal a ponto de ser entendido pelo sujeito a ele relacionado "como uma bênção secreta, especialmente devido à crença de que o sofrimento muito pode ensinar a uma pessoa sobre a vida e sobre as outras pessoas" (Goffman, 2011, p. 13).

As consequências dos estigmas perpassam a pessoa com essas marcas. Goffman (2004) apresenta o relato de uma menina de 12 anos cujo pai era um ex-presidiário. Ela pede ajuda a um colunista de jornal que dá conselhos aos leitores, pois se sentia sozinha e não tinha amigas, pois as mães de suas colegas não queriam que suas filhas tivessem amizade com ela por conta do pai ex-presidiário. Nesse caso, há uma marca decorrente de um estigma paterno.

As reações aos estigmas podem variar conforme as condições particulares de cada indivíduo. Goffman (2004, p. 18) destaca, contudo, que a pessoa submetida ao desígnio de uma marca pode agir com extrema violência, pois oscila "entre o retraimento e a agressividade", tendo em vista que, "Em vez de se retrair, o indivíduo estigmatizado pode tentar aproximar-se de contatos mistos com agressividade; mas isso pode provocar nos outros uma série de respostas desagradáveis" (Goffman, 2004, p. 18).

Piccolo e Mendes (2012), por sua vez, entendem que o processo de estigmatização é uma estrutura de controle social utilizada por aqueles que dominam as forças de poder na sociedade com o objetivo de se apoderarem dela e excluírem do espaço social os grupos que ameaçam sua hegemonia.

Estudar o pensamento de Goffmam ajuda a entender o fenômeno do estigma dentro da estrutura social, a fim de contribuir para a formação de pesquisadores cada vez mais isentos no que concerne às pesquisas na área de segurança pública. Nesse sentido, esclarece Bueno (2015, p. 150), o pesquisador deve entender "o fenômeno da progressiva opressão da vida humana exercida de forma planejada, racional e científica".

Por fim, é importante percebermos a dimensão da influência dos grupos dominantes sobre a definição das leis e da moral social, ou seja, o estabelecimento das ferramentas de controle social, destacando, assim, a real legitimidade do ordenamento jurídico e das práticas sociais voltadas para as minorias que são estigmatizadas por aqueles grupos.

Síntese

Neste capítulo, analisamos a origem da Escola de Chicago e verificamos a importância de seus estudos para a segurança pública.

Apresentamos as principais teorias e pensamentos da Escola de Chicago, entre eles:
- » a teoria da ecologia criminal ou teoria da desorganização social;
- » a teoria da associação diferencial;
- » a sociologia do desvio;
- » os estabelecidos e os *outsiders*;
- » os estigmas.

Diferentes pensamentos foram discutidos sobre como se constitui a dinâmica social em torno da violência e do crime sob a perspectiva da Escola de Chicago, possibilitando a realização de uma reflexão sobre realidade atual.

Para saber mais

CIDADE de Deus. Direção: Fernando Meirelles e Kátia Lund. Brasil: Imagem Filmes, 2002. 135 min.

Recomendamos o filme para ajudar na análise de algumas perspectivas da Escola de Chicago que dizem respeito às configurações de uma cidade: a mobilidade urbana, a formação de novos bairros com migrantes e a desorganização social.

Após assistir a essa produção, você terá a oportunidade confrontar a sociologia do desvio e perceber como os estigmas são colocados na sociedade. Enfim, você pode fazer uma reflexão sobre a aplicação das teorias da Escola de Chicago à realidade brasileira e questionar se os pensamentos de autores como Becker, Goffman, Elias, Scotson e Sutherland são coerentes com o que se observa na sociedade contemporânea.

Questões para revisão

1) Com relação às teorias da Escola de Chicago, é correto afirmar:
   a. As teorias desenvolvidas pela Escola de Chicago consideram, além das percepções sobre as questões do espaço físico das cidades, o estudo das tradições, dos hábitos, das emoções e dos comportamentos que constituem a alma de sua população.
   b. A Escola de Chicago apresenta como uma característica importante o fortalecimento da especulação na observação dos fenômenos sociais. Seus pensadores formularam a construção de um método científico que consagrou a prática do estudo do comportamento social do indivíduo por meio da observação delineada por ditames objetivos.
   c. A teoria do estigma congrega a compreensão do efeito criminológico nas grandes cidades, observando os fenômenos de desorganização e de estabelecimento, típicos de áreas com grande migração.
   d. A associação diferencial, segundo Sutherland, é o processo de hesitação dos tipos de comportamento desviante, que requer um grau de desvio compatível com a cultura desenvolvida pelos habitantes de determinado gueto de uma cidade.

2) Sobre os modelos sociológicos acerca da explicação dos comportamentos transgressores, assinale a opção correta:
   a. A teoria integracionista considera o fator cultural na explicação da integração do delito com o corpo social. Isso explicaria casos como o do Brasil, que tem uma cultura voltada para o crime.
   b. A teoria da associação diferencial afirma que os comportamentos dos indivíduos são conduzidos num processo de

contato associativo, no qual eles são observados por suas características particulares; assim, cada ação delituosa é isolada dentro do grupo e, consequentemente, associada por um novo membro que cometerá um delito diferencial.

c. A Escola de Chicago inovou ao proporcionar estudos com base no empirismo, em oposição aos pensamentos teórico-filosóficos europeus – que dominavam a jovem ciência da sociologia naquele momento – buscando identificar as engrenagens que dão impulso às culturas tidas como desviantes.

d. A teoria ecológica da sociologia criminal procura compreender os eventos criminosos levando em conta a desorganização estrutural das cidades, com a observação focada na interação dos grupos familiares com maior histórico de pertencimento a determinado local, formando assim uma ecologia social.

3) A teoria da associação diferencial foi elaborada pelo sociólogo Edwin Hardin Sutherland, e parte da ideia de que o comportamento do indivíduo é conduzido num processo de contato associativo com outros indivíduos, que, no conjunto, interpretam as normas em favor de seu grupo. No que concerne à teoria da associação diferencial ao tratar do comportamento criminoso, marque V para assertivas verdadeiras e F para as falsas:

( ) O comportamento criminoso não é herdado, e sim aprendido no curso de relações prolongadas com ingerência didática.

( ) O indivíduo, para realizar o comportamento criminoso, faz uma avaliação cognitiva dos aspectos culturais e sociais, configurando sua ação social racional em relação a valores ou ainda em relação a suas emoções.

( ) A aprendizagem de um comportamento criminoso compreende as técnicas (complexas e simples) de cometimento do crime.

( ) O comportamento criminoso se aprende pela interação com outras pessoas, em um processo de comunicação verbal e gestual.

( ) Os processos decisório e cognitivo se dão na convivência do indivíduo com o corpo social. A gênese do comportamento criminoso está emaranhada nas instituições que exercem o controle social do sujeito.

Assinale a alternativa que corresponde corretamente à sequência obtida:

a. V, V, F, V, V.
b. V, F, V, V, F.
c. F, V, V, V, V.
d. V, F, V, F, V.
e. V, V, F, F, V.

4) Em que consiste a teoria da associação diferencial?

5) Quais as principais teorias da Escola de Chicago para a explicação do fenômeno criminal?

IV

Conteúdos do capítulo:

» Perspectivas pós-estruturalistas.
» Michel Foucault.
» Gilles Deleuze.
» O novo paradigma da violência em Wieviorka.
» A força do direito e o poder simbólico em Bourdieu.

Após o estudo deste capítulo, você será capaz de:

1. compreender as principais concepções sociológicas pós-estruturalistas;
2. reconhecer a importância dos pensamentos de Foucault, Deleuze, Wieviorka e Bourdieu;
3. distinguir os pensamentos e as teorias de Foucault, Deleuze, Wieviorka e Bourdieu;
4. desenvolver uma reflexão crítico-comparativa entre a Escola de Chicago e os autores pós-estruturalistas.

Perspectivas pós-estruturalistas sobre crime e violência

No que tange às perspectivas sociológicas envolvendo a segurança pública, devemos entender a dinâmica vivida nas últimas décadas, principalmente quanto aos acontecimentos e aos pensamentos da segunda metade do século XX.

A década de 1960, especialmente, foi marcante para os movimentos civis no mundo. A organização das chamadas *minorias* se fortaleceu, objetivando a conquista e a garantia de direitos humanos.

Movimentos de estudantes, de negros e de mulheres, a cultura jovem, a música, a disseminação do uso de drogas e a turbulência social conduziram pensadores a reverem posicionamentos conservadores e abrirem espaço para os pensamentos do chamado **pós-estruturalismo**.

4.1 Michel Foucault (1926-1984)

O francês **Michel Foucault**, filósofo e teórico social, foi um pensador (ele mesmo não se dizia *filósofo*), teve uma grande importância para a filosofia e a sociologia. Filho de médico, escreveu *História da loucura na idade clássica*, uma de suas principais obras, que trata da concepção do homem como doente, uma criação recente e que tende a se extinguir. Escreveu também *Vigiar e punir*, obra em que trata da punição. O estudioso entende que a modernidade ocorreu logo após a Revolução Francesa e denomina sua própria obra como uma **arqueologia do saber**.

Foucault se contrapunha à visão científica, pois entendia que, em essência, não há neutralidade na pesquisa social de cunho descritivo. Bueno (2015) destaca que o trabalho de Foucault tende a uma historicização da ontologia.

O pensador construiu sua teoria enfocando o conhecimento e o poder, que tematizaram obras como *Vigiar e punir*. Ele analisou o modo como a escola e a prisão, por exemplo, foram empregadas como ferramentas de controle social, consagradas por meio das mais diversas instituições sociais. Também analisou a loucura, o doente e a criação das ciências humanas, bem como a determinação do homem. Na visão do próprio Foucault, sua obra se caracteriza como uma história crítica da modernidade.

Ele se opôs aos pensadores modernos que consideravam que o conhecimento, a verdade em que se fundamenta a ação, era anterior ao poder, e desenvolveu um método de pesquisa caracterizado como histórico-filosófico, pelo qual buscou explicar a indissociabilidade entre poder e conhecimento. Dessa forma, Foucault concluiu que o poder influencia fortemente o conhecimento, a ponto de conceitos e definições se constituírem num simples produto histórico temporal das forças dominantes, e não numa verdade fundante que antecede a ação.

Decorre daí o chamado *processo de arqueologia*, que identifica a verdade, as regras e as formas de pensar em um determinado período histórico, buscando, por meio da episteme (*épistémè*, em francês), esclarecer as mutações sociais advindas das relações de dominação, tendo como fundamento as verdades postas.

Episteme, portanto, não é uma teoria ou uma forma de conhecimento racional, mas é a construção das relações de dominação e é estabelecida por um processo mental de fé em uma verdade existente em determinada época. Em dado período, por exemplo, o pensamento dominante da humanidade era o de que a Terra fosse plana, e que se cairia de sua borda ao se chegar a seu horizonte, o que foi contrariado por Cristóvão Colombo.

O método de Foucault concebe uma "verdade" para cada tempo e sociedade, que a conduz a uma ideia perfeita e acabada, uma razão totalizante.

Nesse sentido, a episteme é uma teia de múltiplos discursos científicos, um modelo generalizado em um dado momento histórico, tendente a estabilizar pensamentos dominantes como verdadeiros e estabelecendo uma ordem consistente sobre como todas as coisas funcionam (Hack, 2009; Thiry-Cherques, 2010). A cada momento histórico, a episteme tende a desviar a prática vivida. Dessa forma, os desvios à realidade imposta pela episteme eram considerados loucura e, assim, o estudo da loucura ganhou importância para se entender a relação de poder em uma sociedade que se tornava disciplinar.

Foucault esclarece que o homem europeu se vê, há muito tempo, confrontado com a loucura ou com o que chama de *desrazão*, o que procurou estudar como forma de explicar a própria razão ocidental.

Em sua obra *A história da loucura na Idade Clássica* (1978), Foucault afirma que a loucura não é algo biológico, mas meramente uma construção cultural e de poder. Ele enfocou seu estudo em quatro fases: na Idade Média (o louco visionário), no Renascimento (o louco possui realidade individualizada), na Idade Clássica (o louco é silenciado e enclausurado – mendigos e vadios, por exemplo) e na contemporaneidade (doença, crime). Na sociedade da obediência, as formas de controle social estão presentes em todas as instituições: nos manicômios, nas famílias, nas igrejas, nas escolas e nas organizações militares.

Conforme Souza (2012), a **disciplina** é um mecanismo de poder que ordena e se impõe, hierarquizando conforme interesses específicos o desempenho de diferentes papéis sociais, permitindo o controle dos homens e de suas ações e reduzindo a capacidade de oposição.

Esse sistema de dominação pelo controle permeia todos os indivíduos, mesclando-se ao corpo social e ao governo e projetando para dentro dos seres a disciplina, o que é essencial aos que exercem o domínio. Os indivíduos que dominam necessitam de uma disciplina que selecione aqueles que são úteis (trabalhadores, a grande massa) à manutenção do sistema de produção, extirpando os que se opõem e não são úteis ao modelo adotado. Assim, o comportamento domesticado e disciplinado é adaptado às exigências das novas técnicas de produção industrial.

No livro *Microfísica do poder*, Foucault apresenta a concepção de que o poder não se encontra em um ponto central, como o Estado, por exemplo, mas está pulverizado em vários pontos e é exercido pelas mais diversas instituições e pelos próprios indivíduos da sociedade. Decorre daí o efeito **pan-óptico** apresentado na obra *Vigiar e punir*, em que o autor retrata a penitenciária ideal, na qual um vigilante observa todos os prisioneiros, que não têm a possibilidade de saber que são observados, porém, com ou sem a real vigilância, sentem-se vigiados. Assim acontece com a disciplina na sociedade: todos se sentem vigiados e exercem a vigilância e a fiscalização uns sobre os outros, carregando consigo e impondo aos outros a verdade – a presença do poder.

Essa imposição se faz em todas as dimensões sociais por meio de micropoderes espraiados no tecido social, seja na simples ação de andar na rua, seja na saudação no elevador, seja na sexualidade, seja nos pensamentos. Foucault conclui que o poder se determina não somente pela *vis corporalis* – força corporal – mas também pela *vis compulsiva*, ou seja, pelas forças moralizantes impostas pelos dominantes e internalizadas pelos indivíduos, que exercem o controle de si e daqueles com os quais convivem.

Verificamos, portanto, que a contribuição de Foucault compreende que as palavras dispõem de um conteúdo de poder e são usadas para introjetar nos indivíduos as verdades fundantes. Entender a importância da reflexão crítica sobre o próprio pensamento e perceber como a disciplina atua no adestramento do comportamento são passos fundamentais para que o sujeito possa conhecer as dimensões de si mesmo.

4.2 Gilles Deleuze (1925-1995)

O também francês **Gilles Deleuze** estudou em Paris, na Universidade de Sorbonne, e se tornou um dos grandes nomes da filosofia do século XX. Bueno (2015) informa que Deleuze apresenta uma antidialética refletida como uma ontologia do devir (processo de mudanças efetivas pelas quais todo ser passa).

Para entendermos as posições de Deleuze, devemos recordar as concepções da filosofia ocidental, que sempre favoreceu algumas formas de pensamento, tidos como *lógicos*, seguindo uma linha de estabilidade. Essa filosofia, que tem Platão como um de seus expoentes, parte da concepção de que pensar é um ato natural e que existe um pensamento dogmático, verdadeiro, e aqueles que divergem dele não são bem recebidos. Decorre daí a instituição da **identidade**, que despreza a diferença e é fundamental para a construção de um modelo de pensamento que garante segurança na vida social (Silva, 2004; Vasconcellos, 2005).

Deleuze escreveu, entre outras obras, *Diferença e repetição* (Deleuze, 2000), no qual, apoiado pelas ideias de Nietzsche, critica os pensamentos de Platão, demonstrando a adoção de um posicionamento antifundacionalista do pós-estruturalismo (Bueno, 2015). Deleuze faz oposição aos modelos de identidade do ser, questionando as realidades que transcendem a experiência sensível. Ele questiona o que é verdadeiro e destaca a importância da filosofia da diferença, em sentido contrário ao da repetição dos pensamentos. Assim, a diferença seria a representação da realidade por uma reordenação de conceitos e de ideias, enquanto a repetição seria um simbolismo construído moralmente visando à construção de verdades sabidas, algo próprio do senso comum ou da generalização.

Para Gallo (2008), a filosofia de Deleuze é um desvio, pois ele próprio, citando Bob Dylan, declarou que ela era fruto de um roubo, tendo em vista que se dá de forma isolada (somente o indivíduo consigo mesmo), mas com muita junção de pensamentos alheios (os roubos), que produzem novas concepções. Para Deleuze, a repetição é a apropriação de pensamentos alheios convertida na formação do indivíduo social, corrente e não resultante tão somente de um momento histórico. "A crítica deleuzeana às mais diversas tradições filosóficas talvez tenha sido o traço mais peculiar de sua obra" (Cavalcanti, 2016), pois esta se caracteriza por um questionamento dos dogmas, ou seja, das verdades já estabelecidas pela filosofia tradicional.

Deleuze entende que o verdadeiro é erigido por estímulos morais que operam na legitimação do pensamento um valor imposto por forças dominantes que determina o que são as necessidades do pensar, e não o que efetivamente se encontra pelo pensamento.

O valor do verdadeiro, assim, está presente até mesmo nos modelos sociais impostos pelas forças controladoras, como nos conceitos de *maioria* e *minoria*. O filósofo brasileiro Roberto Machado (2015, p. 3), aluno de Deleuze, esclarece que seu professor entendia que "ser minoria é desviar do modelo" e "ser maioria hoje é ser homem, branco, ocidental, adulto, racional, heterossexual, morador de cidade".

Diante disso, os indivíduos estão em constante luta para se manter dentro dos padrões de pensamentos estabelecidos temporal e espacialmente. Há um esforço para que a diferença e a mudança não toquem o que é essencial ao ser. A essência que forma a identidade individual é, todavia, uma construção originária do pensamento arquitetado por forças externas, sendo mera uma convenção.

Deleuze defende que a filosofia não pode ser construída pela rotina, pela reprodução. Para o estudioso francês, deve haver criatividade, multiplicidade, tendo em vista que os indivíduos são forçados a pensar de maneira uniforme, segundo um acordo de vontade coletiva.

Cavalcanti (2016) destaca que, na mesma vertente de Nietzsche, Deleuze converge para a noção de *imanência*, questionando a organização do pensamento ocidental, limitado a orbitar uma ideia central. Machado (2015), por sua vez, argumenta que a filosofia de Deleuze instiga por incitar o pensamento criativo, favorecendo a diferença em detrimento da identidade convencionada. Os pensamentos de Kant, como condição de possibilidade, também estão presentes na obra de Deleuze, pois esta estabelece a ideia de que a filosofia necessita ser criada, tendo em vista que conceitos não são desvelados.

Para Cavalcanti (2016), Deleuze consagra o acaso, a inovação, opondo-se ferozmente às verdades absolutas, e repele a dialética hegeliana, tendo em vista que nessa abordagem preponderam os fundamentos morais do pensamento previamente estabelecido em detrimento das singularidades. Cavalcanti (2016, p. 184) ainda destaca que Deleuze destila "crítica não só ao idealismo de Hegel, mas a todos que de alguma maneira defendem a existência da verdadeira moral, da verdadeira fé, dos verdadeiros filósofos/críticos etc."

Seguindo esse raciocínio, a filosofia é um entrelaçamento de conceitos, e não de funções. Segundo Cavalcanti (2016), para Deleuze, a filosofia de multiplicidade culminou com a elaboração de uma moderna estruturação do pensamento, destituído de uma face uniforme e tendo por base a reflexão sobre o ser, divergente da filosofia tradicional, fundamentada em preceitos fundamentais, na transcendência de princípios e na congruência inflexível de ideias.

A contribuição de Deleuze para a sociologia e, mais especificamente, para o campo da pesquisa em segurança pública está na utilização de suas bases de desvinculação com aquilo que seja tradicionalmente impositivo, pois permite pensar a diferença sem arcar com a vinculação histórica que é construída socialmente. A visão de um pensador que busca erigir um pensamento consistente que se distancie do senso comum é fundamental para o fortalecimento da pesquisa sociológica.

4.3 O novo paradigma da violência em Wieviorka

Michel Wieviorka (nascido em Paris, em 23 de agosto de 1946) é um sociólogo francês, diretor da Escola de Altos Estudos em Ciências Sociais da França. É especialista nos temas da violência e do terrorismo. O olhar de Wieviorka sobre o primeiro leva em consideração a globalização e a subjetividade dos atores sociais envolvidos nos processos de interação social. Dessa forma, Wieviorka (1997) entende que não existe uma teoria da violência capaz de ser completa e que o conceito de violência se modifica ao longo da história, incorporando as novas cognições políticas, fruto das relações sociais de cada época.

Ao aprofundar seus estudos sobre o tema, o autor apresenta as faces da violência subjetiva e a da violência objetiva. A primeira é fundada na redução do indivíduo à própria personalidade ou subjetividade, e a segunda é focada no processo de globalização, no qual as relações sociopolíticas tradicionais foram se enfraquecendo, deixando espaços que foram ocupados pela violência (Wieviorka, 1997).

Para o sociólogo francês, não há, na atualidade, uma discussão sobre a realidade da violência, "pois se considera não mais o fenômeno no que ele apresenta de mais concreto, de mais objetivo, mas as percepções que sobre ele circulam, nas representações que o descrevem" (Wieviorka, 1997, p. 8). Nesse sentido, a violência subjetiva ocupa o lugar de preferência nas sociedades ocidentais e, portanto, "ela é o que a sociedade, unânime, deve proscrever e combater completamente, tanto em seu interior como em seu exterior" (Wieviorka, 1997, p. 8).

Outro conceito tratado por Wieviorka é o de **conflito**, compreendido como a relação entre atores dominantes e dominados, na qual inexiste a igualdade. Nesse sentido, ao analisar a ideia de conflito, para Wieviorka, a violência é uma representação de grupos ou da sociedade como um todo, sendo a fragmentação do corpo social uma das causas da suposta escassez de mediadores estabelecendo uma realidade objetiva (Wieviorka, 1997).

Para o autor, o papel da sociologia é desvendar como se dá a mutação da violência na sociedade contemporânea, apresentando o quebra-cabeça das relações sociais concebidas na prática histórica bem como na compreensão subjetiva.

Por essa configuração, a **negociação** é um atributo do conflito, que, por vezes, é institucionalizado, garantindo-se assim o debate, a possibilidade de modificar as relações sociais. Para Wieviorka (1997), quanto mais negociação houver, menor será a possibilidade de violência, com consequentes transformações das relações sociais e da vida coletiva, o que possibilita a reformulação das instituições.

Sem essa possibilidade de gerenciamento dos conflitos, surge a violência, que ocorre em sentido contrário – nela, não há negociação, e os atores têm por objetivo acabar com qualquer relação, visando à eliminação do outro. Pela violência, as demandas não se institucionalizam. Exemplo disso é um trabalhador que quer matar o patrão (ou vice-versa): eles não querem negociar, querem "guerra, guerra civil".

Em contraposição a essa concepção de *guerra* estão os sindicatos, sejam patronais, sejam de empregados, que procuram negociar. É certo que, por vezes, há uma determinada dose de violência, mas não há a intenção de matar a outra parte do conflito. "A violência no conflito representa um instrumento de interação entre os agentes" (Moreira, 2011, p. 40).

Para Wieviorka, do conflito surge a oportunidade de institucionalizar, de negociar e de tratar politicamente as demandas sociais. Da violência, por outro lado, surgem a ruptura, o extremo e a morte. Assim, *violência* é a "negação ou atentado contra a integridade física e moral de uma pessoa, com efeitos que são vistos eventualmente nas gerações seguintes, [e] ela torna difícil construir-se como sujeito de uma existência coletiva e, com frequência, também pessoal" (Wieviorka, 2006).

Dessa maneira, num primeiro momento, há uma tendência de se projetar a violência em grupos de minorias ou naqueles que são tidos como marginalizados, das periferias. Em muitas situações, contudo, os dominantes não estão dispostos ao conflito. Wieviorka (2006) esclarece que os dominantes não querem mais ser violentos, pois procuram criminalizar atores que desejam o conflito como forma de negociar, num movimento de rearranjo das forças dominantes, com o objetivo de ver atendidas as demandas sociais.

As forças do controle social aquecem o discurso prolatando que os conflitantes querem a violência, ou seja, querem destruir a ordem, e desconstroem a concepção de que o conflito implica reconhecer a necessidade do outro na busca de uma vivência mais harmoniosa, mediante a aceitação da diferença por meio de acordos de vontade.

A organização de grupos minoritários, a sindicalização dos trabalhadores, enfim, a proposição de negociação das demandas sociais por atores que estão fora do eixo dominante propicia a diminuição das tensões. Decorre daí que esse movimento acarreta mudança na percepção sobre a violência; seja pela busca de direitos dos novos grupos organizados, rompendo com ações violentas praticadas tradicionalmente contra seus integrantes, seja pela solução institucionalizada das demandas, arrefecendo a própria violência.

O que inferimos do trabalho de Wieviorka, portanto, é que a dinâmica social contemporânea tem sido marcada pelos efeitos da fragmentação das forças dominantes: o que enfraquece o controle hegemônico do poder deixa um espaço vazio na sociedade, que está sendo ocupado pela violência, decorrente também da falta de agentes mediadores dos conflitos. Essa percepção deve ser aprendida pelo pesquisador de segurança pública, pois o tema da violência é questão recorrente nessa área. Congregar uma visão crítica sobre as causas desse fenômeno contribuirá substancialmente para se encontrar caminhos mais adequados para a solução dessas controvérsias.

4.4 A força do direito e o poder simbólico em Bourdieu

Pierre Bourdieu (1930-2002), sociólogo francês, desenvolveu estudos no campo da interação social, especialmente na compreensão dos fenômenos sociais no que concerne às relações entre dominantes e dominados. Segundo Barros Filho (2015) – orientando de Bourdieu na Faculté de Droit, d'Économie et des Sciences Sociales, em Paris –, não há como entender Bourdieu sem conhecer suas origens humildes (filho de pai funcionário dos correios e de mãe de tradição agrícola), que deixaram nele traços de inferioridade, e sem considerar as discriminações que sofreu durante toda a sua vida por não ser parisiense.

Bourdieu conta com uma obra extensa, cuja leitura é, de certa forma, complexa. No início da década de 1970, publicou *La reproduction: éléments d'une théorie du système d'enseignement*, escrito conjuntamente com Jean-Claude Passeron. Na década de 1990, entre outras obras, escreveu *La misère du monde*, em que aborda questões relacionadas à miséria social diante do progresso tecnológico da globalização (Medeiros, 2007).

Bourdieu se opôs à ideia do neoliberalismo e participou de movimentos contrários à globalização, tendo sido ativo e combativo no cenário político francês. Seu trabalho é marcado justamente pela análise dos instrumentos que engendram as desigualdades sociais, com ênfase na compreensão de que o poder é imposto aos membros do corpo social. O autor estudou como as relações sociais são estabelecidas por meio de códigos camuflados coercitivamente nas práticas cotidianas, nascidas do poder e marcadas pelo espaço e pelo tempo vividos.

Ao tratar do tema **poder**, Bourdieu (2001) considera aspectos mais extensivos das formas de controle social, elaborando a concepção de **poder simbólico**. Ele analisa os atributos e a influência do direito na sociedade no capítulo *A força do direito*, associando-o à relação de luta entre os indivíduos que procuram se apropriar e se manter no poder. Bourdieu descreve o modo pelo qual o grupo que exerce o poder economicamente impõe sua cultura sobre os dominados.

No livro *A Reprodução: elementos para uma teoria do sistema de ensino*, Bourdieu e Passeron (2014) apresentam o entendimento de que a cultura ou o sistema simbólico é autoritário, pois se fundamentam numa prática construída por um pensamento dominante, imposto, como sendo natural ao ser humano.

A propósito, Barros Filho (2015, p. 13) entende que a concepção de natureza humana se converte em uma "sacanagem ideológica" com o objetivo de disfarçar a vida de como ela é realmente. Seu objetivo é a perpetuação de um modelo de sociedade que introjeta em todos os seus membros uma cultura que visa à dominação. Para preservar o poder, os que dominam se utilizam de ferramentas veladas de controle e de influência, além de instrumentos como a ideologia, que privilegiam os interesses de sua classe. Bourdieu (1989, p. 10) afirma que as "ideologias, por oposição ao mito, produto coletivo e coletivamente apropriado, servem interesses particulares que tendem a apresentar como interesses universais, comuns ao conjunto do corpo". E arremata dizendo que a cultura dominante concorre para o fortalecimento de grupos de indivíduos detentores do poder ao manter a interlocução entre seus membros e excluir os demais indivíduos do corpo social. Essa dinâmica tem como corolário a construção de uma integração aparente e ilusória da sociedade como um todo, por conta do engodo daqueles que são controlados e da estrutura social escalonada verticalmente sob o manto de uma falsa legitimidade.

A essa dinâmica Bourdieu chamou de **violência simbólica**, que é diferente da violência física, pois esta se caracteriza pela morte, pelos ferimentos e pelas lesões ao corpo do ser. O autor entende que a violência simbólica se constitui de um poder que impõe significados camuflados como legítimos e amparados em sua própria força, dissimulando as relações de dominação e as tornando aceitáveis como naturais, mas com um conteúdo opressor. A atmosfera a que é submetido o dominado o impede de se perceber como produto do processo de dominação, tendo em vista o engendramento dos mecanismos de influência que reforçam a ideia de que a sociedade se submente a uma ordem natural.

Essa violência, também classificada como **institucional**, está presente no cotidiano das relações sociais, que são permeadas pelo poder. Ela é encontrada nas mais diversas formas de discriminação, nas relações de trabalho, na mídia, nas relações entre professores e alunos, enfim, nas relações sociais em geral.

No que tange ao papel da escola para o fortalecimento do modelo repressor, Bourdieu, juntamente com Passeron, sintetiza que a instituição escolar se mostra como um dos "mecanismos pelos quais a violência simbólica é exercida", em conjunto com "seus agentes que, em geral, ignoram que contribuem para legitimá-la socialmente" (Bourdieu; Passeron, 2014, p. 12). A violência simbólica dispõe de campo fértil nas definições de modelos culturais e linguísticos e nas políticas de Estado que atendem aos interesses das classes dominantes em legitimar a exclusão dos grupos dominados do círculo de poder.

Por conseguinte, a violência simbólica procura inserir, de maneira impositiva e maliciosa, a cultura dominante, objetivando a manutenção do *status quo* social predominante nas relações de trabalho. Numa sociedade globalizada e permeada por aparatos tecnológicos, em todas as áreas e principalmente na comunicação, o papel da mídia se mostra importante, tendo em vista que impõe um modelo de comportamento advindo da indústria cultural, que uniformiza na grande massa uma "cultura popular" ao mesmo tempo que torna excludente e exclusiva a cultura da chamada *elite*.

A construção da sociedade moderna se dá por um emaranhado de relações, entre elas as que são estabelecidas pela mídia televisiva. Bourdieu (1983) entende que há um significativo número de pessoas que recorre à televisão como única fonte de informação. A mídia, por meio de seu conteúdo, incute no corpo social sensações previamente estabelecidas pelos controladores do poder, tornando indefesas as classes em situação de dominação, que passam a concordar e até a exigir medidas abusivas e opressivas como forma de manter o *status quo* social.

Dessa forma, aqueles que são dominados pelo poder se tornam "cúmplices" implicitamente das ações repressivas e violentas, subjugados pelos "mecanismos anônimos, invisíveis, através dos quais se exercem as censuras de toda ordem que fazem da televisão um formidável instrumento de manutenção da ordem simbólica" (Bourdieu, 1997, p. 20).

O autor chama a atenção para o entendimento de que as classes dominadas são submetidas à violência simbólica e a outros tipos de violência a todo tempo dentro do convívio social. Essa constatação é de grande relevância nos estudos sociológicos atuais. Por fim, as instituições sociais são dispositivos que servem diretamente aos que exercem o poder.

Em tempos de revelações escabrosas sobre corrupção (*vide* a Operação Lava Jato) no âmbito do Estado brasileiro, as concepções de Bourdieu sobre *violência simbólica* e *poder* trazem questionamentos pertinentes aos operadores da segurança pública. Por vezes, os agentes vinculados aos ditames legais devem fazer cumprir as normas estabelecidas num dado ambiente e elaboradas por um modelo legislativo que suscita dúvidas sobre suas reais intenções.

Questões para reflexão

A quem se destina o aparato normativo que os agentes de segurança devem fazer cumprir? Com que objetivo esse sistema normativo foi elaborado?

Bourdieu faz uma reflexão crítica sobre os mecanismos de controle social que impõem a diferenciação dos sujeitos sociais, garantindo privilégios acentuados aos que dominam em detrimento das classes menos apaniguadas. A articulação das relações sociais em um sistema escalonado de controle e as forças que prestigiam determinadas categorias de sujeitos se convertem no esqueleto que mantém o corpo social. A posição de cada grupo (privilegiado ou não) nesse corpo depende de como cada um deles se assenhora dos bens, dos meios de produção e das parcelas do poder.

Ressaltamos que não tivemos nesta seção a pretensão de responder a todas as dúvidas sobre o pensamento desse autor, mas objetivamos possibilitar a reflexão sobre os temas apresentados. Também não tivemos a presunção de discorrer sobre toda a obra de Bourdieu. Nosso objetivo foi despertar a busca pelo conhecimento dos conceitos apresentados por esse grande pensador francês.

Síntese

Neste capítulo, discorremos sobre as principais concepções sociológicas pós-estruturalistas. Nesse sentido, apresentamos as ideias de Michel Foucault, criador do processo de arqueologia, bem como do conceito de *episteme*. Já sobre Deleuze, um crítico de Platão, demonstramos, levando-se em conta sua obra *Diferença e repetição* (Deleuze, 2000), que ele compartilha do posicionamento antifundacionalista do pós-estruturalismo, ancorado nas ideias de Nietzsche.

Sobre Wieviorka, deslindamos os conceitos sobre a violência subjetiva e a violência objetiva, bem como o alcance do conceito de conflito. Por fim, realizamos uma breve abordagem dos pensamentos de Bourdieu e de sua noção de poder, bem como sobre as implicações da violência simbólica no cotidiano social.

Para saber mais

O SHOW de Truman: o show da vida. Direção: Peter Weir. EUA: Paramount Pictures, 1998. 103 min.

A reflexão de Bourdieu sobre a mídia é atual quando falamos em *reality shows* e na imposição de uma cultura de massa. Nesse sentido, o filme *O Show de Truman*, de 1998, é uma boa opção para ponderarmos sobre o papel da mídia na vida social. A produção conta a história de Truman, um indivíduo que tem sua vida gravada e televisionada para todo o mundo, sem seu conhecimento.

Ao assistir a essa obra, você pode confrontar o roteiro com conceitos como os de cultura e poder, de Foucault, e o de influência da mídia na vida das pessoas, de Bourdieu. Enfim, o filme possibilita a discussão de temas atuais e pode ser visto pelo prisma das teorias pós-estruturalistas.

Questões para revisão

1) Michel Foucault se mostrava contrário às ideias que consideravam que o conhecimento – a verdade em que se fundamenta a ação – era anterior ao poder. Sobre isso, pode-se afirmar que:
   a. esse autor formulou a concepção de uma filosofia analítica da verdade em geral, colocando o universalismo como seu objeto de estudo.
   b. a reflexão de Foucault trata da falência da alma do indivíduo, buscando nos desígnios da religião a explicação para o comportamento humano.
   c. Foucault fortaleceu o cientificismo, destacando a neutralidade na pesquisa sobre as representações sociais.
   d. para Foucault, a episteme tem um sentido amplo, abarcando a cultura e não tendo foco unicamente na ciência.

2) Analise as afirmações abaixo, sobre as proposições de Bourdieu:
   I. Bourdieu entende que o controle ideológico se dá pela imposição de uma cultura definida por aqueles que dominam por meio do conceito de *violência simbólica*, transformando em naturais certos fenômenos que são construídos socialmente.
   II. Bourdieu afirmou que o poder simbólico é, com efeito, o poder perceptível, que só pode ser exercido com a força física empregada pelas instituições sociais.
   III. Bourdieu afirmou que o poder simbólico é, com efeito, o poder invisível, que só pode ser exercido com a cumplicidade daqueles que não querem saber que são seus sujeitos ou mesmo que o exercem.

Estão corretas as afirmativas:
a. I e II, apenas.
b. I e III, apenas.
c. II e III, apenas.
d. I, II e III.

3) Classifique as afirmações abaixo em falsas (F) ou verdadeiras (V) e assinale a alternativa que corresponde à sequência correta:

( ) Wieviorka entende que o conflito é a relação entre atores, dominantes e dominados, em que inexiste a igualdade.

( ) Wieviorka afirma que as fontes da violência contemporânea residem na tendência à dissociação e à fragmentação, marcas do tempo em que vivemos.

( ) Em *Vigiar e punir*, Foucault aponta os componentes que formam o poder no corpo social, afirmando que o panoptismo é o pressuposto globalizante de uma hodierna "anatomia política", que tem como escopo determinar uma relação de disciplina.

( ) Deleuze se fundamenta nas ideias de Freud sobre a razão para criticar a filosofia da diferenciação ou "a imagem dogmática do pensamento".

( ) Para Pierre Bourdieu, o sistema escolar cumpre uma função de legitimação que perpetua a "ordem social", uma vez que a evolução das relações de força entre as classes tende a excluir, de modo mais completo, a imposição de uma hierarquia fundada na afirmação brutal das relações de força.

a. V, F, V, F, V.
b. F, F, V, V, F.
c. F, V, F, F, V.
d. V, V, V, F, V.
e. V, V, F, V, V.

4) Qual o papel da disciplina para Foucault?

5) A escola, a cultura e a igreja podem se constituir como promotoras de violência simbólica, segundo as ideias de Bourdieu? Justifique sua resposta.

V

Conteúdos do capítulo:

» Relação entre o cárcere e a fábrica em Melossi e Pavarini.
» Estado penal em Wacquant.
» Abolicionismo penal em Hulsman.
» Sociabilidade violenta em Machado da Silva.
» Sujeição criminal em Misse.

Após o estudo deste capítulo, você será capaz de:

1. identificar as teorias sociológicas que relacionam meios de produção capitalista e violência;
2. compreender aspectos relacionados às teorias sociológicas aplicáveis ao mercado de trabalho das populações de baixa renda;
3. correlacionar os sociólogos contemporâneos com os estudos acerca da criminalidade moderna.

Sociedade, mão de obra e violência

Neste capítulo, temos por objetivo construir um alicerce sobre o conhecimento de sociólogos e de seus pensamentos a respeito da criminalidade e da violência, bem como das relações da criminalidade e da violência com os meios de produção capitalista.

Dessa forma, esperamos que novos conteúdos sejam agregados e possam contribuir para a formação de pensamento e de opinião dos leitores, demonstrando que a violência urbana no Brasil, guardadas as diferenças culturais e econômicas, assemelha-se à observada em diversos outros países.

5.1 A relação entre o cárcere e a fábrica em Melossi e Pavarini

O tema descrito no título desta seção tem por objeto o estudo da obra *Cárcere e fábrica: as origens do sistema penitenciário (séculos XVI-XIX)*, escrita por **Dario Melossi*** e **Massimo Pavarini**** e editada originariamente em 1977, que faz abordagens acerca das origens dos sistemas penitenciários nas sociedades capitalistas, seguindo a tradição marxista, que leva em conta a luta de classes na formação social desse sistema econômico.

---

* Italiano, nascido em 1948. Professor, escritor e sociólogo. Suas obras se caracterizam pela linha de pesquisa da criminologia crítica – que já verificamos no Capítulo 1 deste livro –, concentrando esforços no estudo, entre outros assuntos, da função do cárcere na sociedade.

** Também italiano, Massimo Pavarini (1947-2015) foi um dos grandes estudiosos da criminologia do nosso tempo, autor de diversas obras, com maior destaque para a que assinou em coautoria com Dario Melossi, *Cárcere e fábrica: as origens do sistema penitenciário (séculos XVI-XIX)*, que, para o Brasil, foi traduzida por Sérgio Lamarão.

Ao se referirem ao sistema penal, os autores formulam uma pergunta que serve de base e norteia todo o estudo: "Por que motivo, em todas as sociedades industrialmente desenvolvidas, essa instituição cumpre, de modo predominante, a função punitiva, a ponto de cárcere e pena serem considerados comumente quase sinônimos?" (Melossi; Pavarini, 2006, p. 19).

A obra relaciona o cárcere ao surgimento e ao desenvolvimento da indústria capitalista, que prima pela acumulação de bens e de valores monetários, transformando o trabalhador e sua força de trabalho em mercadoria, no que seria auxiliada pelo cárcere. Isso demonstra o vínculo entre mercado e prisão e leva os autores a propor que os sistemas de produção capitalistas encontram os sistemas de punição que correspondem a suas relações produtivas (Melossi; Pavarini, 2006).

Para os autores, há uma função político-econômica para o cárcere, ou seja, a luta contra a delinquência urbana seria uma forma de reafirmação simbólica da autoridade do Estado, especialmente quando essa entidade se vê pressionada por problemas econômicos e sociais (Melossi; Pavarini, 2006).

Assim, a punição por meio do encarceramento – que, segundo Melossi e Pavarini (2006), remonta às casas de trabalho e correção instaladas a partir do século XVI – teria por objetivo atender a um sistema de produção. Essa estratégia visava preservar a força de trabalho e impor a necessidade desse sistema aos que estivessem aptos a produzir; conforme se depreende do excerto que se segue, que se refere a um período histórico marcado pela migração para as cidades em virtude do desenvolvimento do comércio, o que gerou superoferta de trabalhadores e desemprego.

Não era possível que os homens expulsos da terra pela dissolução dos laços feudais e pela expropriação violenta e intermitente se tornassem fora da lei, fossem absorvidos pela manufatura no seu nascedouro com a mesma rapidez com a qual aquele proletariado era posto no mundo. Por outro lado, tão pouco aqueles homens, lançados subitamente para fora da órbita habitual de suas vidas, podiam adaptar-se, de maneira tão repentina, à disciplina da nova situação.

Eles transformaram, por isso, em massa, em mendigos, bandidos, vagabundos, em parte por inclinação, mas na maior parte dos casos premidos pelas circunstâncias. Foi por isso que, no final do século XV e durante todo o século XVI, proliferou por toda a Europa Ocidental uma legislação sanguinária contra a vagabundagem. Os pais da atual classe operária foram punidos, num primeiro tempo, pela transformação forçada em vagabundos e miseráveis. A legislação os transformou em delinquentes voluntários e partiu do pressuposto que dependia da boa vontade deles continuar a trabalhar sob as velhas condições não mais existentes. (Marx, 1976, p. 686, citado por Melossi; Pavarini, 2006, p. 35)

O surgimento das penitenciárias teria ocorrido não por razões legais ou humanitárias, mas pela necessidade de instrumentalizar a submissão do apenado à economia vigente – à fábrica –, possibilitando torná-lo mais dócil e introduzindo-o de forma coativa no modo de produção capitalista.

Nesse contexto, os presídios, de modo geral, obrigavam os detentos a trabalhar, mesmo os que, quando em liberdade, estavam no ócio, seja por deliberação própria, seja por falta de qualificação ou de opções.

Uma população bastante heterogênea: filhos de pobres com a intenção de que a juventude seja educada para o trabalho, desempregados em busca de trabalho, vagabundos, prostitutas, pobres rebeldes que não queriam

> *trabalhar [...]. A recusa ao trabalho parece ter sido o único ato ao qual se atribuía uma verdadeira intenção criminosa. Até se chegou a determinar que o trabalhador aceitasse a primeira oferta de trabalho que lhe fosse feita, ou seja, o trabalhador era obrigado a aceitar qualquer trabalho, nas condições estabelecidas por quem lhe fazia a oferta. O trabalho forçado nas* house of correction *ou* workhouses *era direcionado, portanto, para dobrar a resistência da força de trabalho e fazê-la aceitar as condições que permitissem o máximo grau de extração de mais-valia.* (Melossi; Pavarini, 2006, p. 37-38)

Segundo os autores, os funcionários da fábrica não têm a liberdade de decidir em que querem trabalhar, visto que prestam serviços para quem os contratou, e, assim, devem se submeter à vigilância do empregador, que tem necessidade de controlar os horários, as atitudes e os procedimentos daqueles, bem como meios para fazê-lo.

> *Na sociedade de produção de mercadorias, a reprodução ampliada do capital pela expropriação de mais-valia da força de trabalho – a energia produtiva capaz de produzir valor superior ao seu valor de troca (salário), como ensina Marx – pressupõe o controle da classe trabalhadora: na fábrica, instituição fundamental da estrutura social, a coação das necessidades econômicas submete a força de trabalho à autoridade do capitalista; fora da fábrica, os trabalhadores marginalizados do mercado de trabalho e do processo de consumo – a chamada superpopulação relativa, sem utilidade direta na reprodução do capital –, são controlados pelo cárcere, que realiza o papel de instituição auxiliar da fábrica.* (Santos, 2010, p. 6)

Em tese, o sistema penal é igualitário, pois se aplica a todos indistintamente, sendo, então, justo e garantidor de direitos e de dignidade aos membros de uma sociedade. Na realidade, contudo, ele se afigura como estigmatizante – lembremos do Capítulo 1 deste livro, quando tratamos de *labeling approach* –, seletivo e repressivo, atuando como verdadeiro instrumento de controle social a serviço do Estado.

O cárcere, considerando sua disciplina, seria a instituição auxiliar da fábrica por ser produtor de outra mercadoria – o homem obediente, disciplinado e dócil ao regime fabril, a mercadoria **força de trabalho** –, pois teria o condão de obrigar os cidadãos a procurar uma ocupação lícita a qualquer preço, mesmo que intimamente não tenham essa intenção ou, nos momentos históricos de falta de vagas, afastar os que não se submetem às regras estabelecidas. Em qualquer dessas situações, aos que forem apenados, o cárcere os obrigaria à execução de tarefas que os prepararia para um emprego lícito.

Quando há excesso de mão de obra e desemprego, há muita oposição à facilitação do trabalho intramuros dos presídios, posto que a classe trabalhadora que está em liberdade acaba por se considerar injustiçada, sob a perspectiva de que o recluso é um delinquente, uma pessoa que ofendeu à sociedade e, mesmo assim, está recebendo um tratamento estatal mais privilegiado do que quem cumpre as regras e está em liberdade.

O encarceramento em massa experimentado mundo afora, e especialmente no Brasil, é clara expressão da relação entre a fábrica e o cárcere:

> *O cárcere – enquanto "lugar concentrado" no qual a hegemonia de classe (uma vez exercitada e nas formas rituais de "terror punitivo") pode desenvolver-se racionalmente numa teia de relações disciplinares – torna-se o símbolo institucional da nova "anatomia" do poder burguês, o lócus privilegiado, em termos simbólicos, da "nova ordem". O cárcere surge assim como o modelo da "sociedade ideal". E mais: a pena carcerária – como sistema dominante de controle social – surge cada vez mais*

como o parâmetro de uma radical mudança no exercício do poder. De fato, a eliminação do "outro", a eliminação física do transgressor (que, enquanto "fora do jogo", se torna destrutível), a política do controle através do terror se transforma – e o cárcere é o centro desta mutação – em política preventiva, em contenção, portanto, da destrutividade. (Melossi; Pavarini, 2006, p. 215)

Podemos verificar, então, que, segundo Melossi e Pavarini (2006), o capitalismo competitivo do início do século XX fez surgir o cárcere, primeiramente com a função de transformar o criminoso em proletário e, em seguida, cumprir a função de estocar a mão de obra excedente.

Com a Revolução Industrial, que provocou excesso de mão de obra e um contingente muito grande de desempregados, as atividades forçadas no cárcere perderam a razão de ser, pois o trabalho intramuros agravaria a falta de trabalho entre os que estavam em liberdade, como vemos em Melossi e Pavarini (2006, p. 25):

assistimos progressivamente, em toda área capitalista, a profundas mudanças do quadro econômico-social de fundo. Essas mudanças dizem respeito a elementos fundamentais da nossa situação atual: a composição do capital, a organização do trabalho, o surgimento de um movimento operário organizado, a composição das classes, o papel do Estado, a relação global Estado-sociedade civil.

Sob a lógica de o sistema penal servir ao capitalismo, aquele tem de adaptar seus métodos a este, ou seja, ajustar-se à dependência dos períodos de escassez ou de fartura. No primeiro caso, o encarceramento teria por objetivo obrigar o proletariado a trabalhar de acordo com o que a fábrica exige. No segundo, o cárcere teria por foco a retirada de mão de obra de circulação. Nesse sentido, Melossi e Pavarini (2006, p. 69) destacam:

> A razão de fundo pode ser encontrada, como já foi visto, no aumento excepcional da oferta de trabalho que tornava completamente obsoleta a velha fórmula do trabalho carcerário, em benefício do aspecto intimidatório e terrorista da casa de trabalho e, mais ainda, do cárcere. Não é que não se trabalhasse mais no cárcere; o trabalho no cárcere não era descartado a priori, mas o que emergia no primeiro plano era o caráter punitivo, disciplinador, do trabalho, mais do que a sua imediata valoração econômica.

Para além de auxiliar da fábrica, o cárcere deveria ter – e, para seus idealizadores e defensores, ele tem – uma **função ressocializante**, capaz de receber um indivíduo considerado incapaz ou indesejável para a sociedade e, por meio do confinamento, da instrução e dos trabalhos internos, devolvê-lo em condições de integrar a sociedade e se inserir no mercado de trabalho.

A propalada ressocialização do encarcerado – que deveria levar em consideração a necessidade de que, ao sair do cárcere, a pessoa estivesse em condições psicológicas, físicas e laborais de buscar seu sustento e de sua família, sendo assim merecedora de respeito relacionados a todos os seus direitos – nada mais seria do que a retirada de circulação de alguém que é indesejável no convívio em sociedade, demonstrando a íntima ligação entre o cárcere e a fábrica, conforme leciona Melossi:

> No microcosmo da pena carcerária encontramos refletida a contradição central do universo burguês: a forma jurídica geral, que garante um sistema de direitos igualitários, é neutralizada por uma espessa rede de poderes não igualitários, capazes de recolocar as assimetrias políticas, sociais e econômicas negadoras das mesmas relações formalmente igualitárias, surgidas da natureza (contratual) do direito. Estamos, assim, na presença

contemporânea de um direito e de um não ou contradireito, ou de uma razão contratual e de uma necessidade disciplinar. A contradição, neste nível de interpretação, é "objetiva" e reflete, de fato, a aporia presente no próprio modo de produção capitalista, entre a esfera da distribuição ou circulação e a esfera da produção ou extração de mais-valia. (Melossi; Pavarini, 2006, p. 264)

Para os idealizadores do sistema penitenciário norte-americano, conforme Melossi e Pavarini (2006, p. 189), o confinamento solitário seria

capaz de resolver qualquer problema penitenciário; impedia a promiscuidade entre os detidos, que se revelava um fator criminógeno de efeito desastroso, além de promover, por meio do isolamento e do silêncio, o processo psicológico de introspecção que era considerado o veículo mais eficaz para o arrependimento.

Esse raciocínio utiliza fundamentos criminológicos – que já analisamos no Capítulo 1 deste livro, quando falamos em *criminologia crítica* – segundo os quais o homem possui livre-arbítrio para cometer ou não crimes. Dessa forma, o isolamento se prestaria para a meditação terapêutica, que levaria o encarcerado a usar esse mesmo livre-arbítrio para se regenerar.

Ao que nos parece, o encarceramento se presta, isso sim, para a segregação das pessoas consideradas indesejadas e cumpre o papel de retirada de excedente de mão de obra de circulação, formando um contingente considerável de pessoas que são deixadas de fora das estatísticas de desempregados. Nos moldes preconizados e nas condições atuais, não há nenhuma condição de o cárcere propiciar a melhora pessoal, profissional ou psicológica da imensa maioria de seus apenados, prestando-se, assim, apenas ao papel retributivo ou vingativo.

5.2 O estado penal em Wacquant

Nascido na França, em 1960, e radicado nos Estados Unidos, **Loïc Wacquant** é professor de Sociologia e pesquisador, concentrando seus estudos em temas como *desigualdade urbana, marginalidade, instituições carcerárias* e *políticas penais*. Suas obras principais para o nosso estudo são *As prisões da miséria* (2001; 2011) e *Punir os pobres: a nova gestão da miséria nos Estados Unidos* (2003; 2007).

Em entrevista concedida por ocasião do lançamento de uma de suas obras, Wacquant explanou bastante a respeito de sua trajetória, de seus textos e de seus pensamentos, apontando um direcionamento seguro para nosso estudo.

Quando questionado acerca de como concluiu que os Estados Unidos mudaram do tratamento social para o tratamento penal da pobreza, Wacquant (1999) respondeu*:

> *Conduzindo uma investigação etnográfica junto ao gueto negro de Chicago, dei-me conta do quanto a instituição penitenciária banalizou-se, com toda a sua onipresença, na base da estrutura social dos Estados Unidos. A maior parte dos jovens do bairro pesquisado tinha já experimentado a detenção. Quando um deles desapareceu, a suposição natural foi a de que estava metido atrás das grades; este fato, porém, não chocava ninguém! Quando Clinton aboliu a ajuda social em 1996 substituindo-a por um programa de trabalhos forçados, ficou claro que o desmantelamento da pequena rede de proteção social e o desdobramento concomitante da policial*

---

* Esclarecemos que os estudos de Wacquant possuem aplicação em todo o mundo capitalista, sistema que, na visão do autor, não propicia condições de empregabilidade, ocasionando, então, a criminalização da pobreza e levando ao Estado penal.

e penal, também pequena, mas numa malha cada vez mais intrincada, respondiam a um mesmo objetivo: criminalizar a pobreza a fim de apoiar o novo regime do assalariamento precário e mal pago.

A transição do Estado Providência para o Estado-Penitência não diz respeito, porém, a todos os americanos: ela se destina aos miseráveis, aos inúteis e aos insubordinados à ordem econômica e étnica que se segue ao abandono do compromisso fordista-keynesiano e à crise do gueto. Volta-se para aqueles que compõem o subproletariado negro das grandes cidades, as frações desqualificadas da classe operária, aos que recusam o trabalho mal remunerado e se voltam para a economia informal da rua, cujo carro-chefe é o tráfico de drogas.

Refletindo acerca desse excerto e transportando-o para os nossos dias, visto que a edição francesa do livro remonta ao ano de 1999, pensemos sobre a realidade brasileira, em que a rede de proteção social é menos vasta que a norte-americana. Haveria em nossas terras uma preponderância do encarceramento de determinada classe social, etnia ou ideologia? Voltaremos a esse tema no Capítulo 6, quando falarmos acerca da questão carcerária no Brasil.

Nessa mesma entrevista, Wacquant descreve um vertiginoso incremento na política de encarceramento que fez a quantidade de detentos aumentar de forma muito expressiva, mesmo com índices de criminalidade estáveis, asseverando que, para desenvolver

tal Estado penal superdimensionado, foram necessárias duas vias: a América iria comprimir as despesas públicas destinadas às questões sanitária, social e educativa, e paralelamente, inchar a quantidade de pessoas e de créditos destinada aos sistemas policial e penitenciário.
(Wacquant, 1999)

Essa ideologia do Estado penal, que tornaria o Estado mínimo nos aspectos social e econômico e máximo nos aspectos policial e penal, teria como um de seus maiores símbolos a política de Nova York, que adota a **teoria da vidraça quebrada** e a aplicação da **tolerância zero**, o que permitiria uma "limpeza de classe" no espaço público, afastando os pobres das ruas e de outros espaços da cidade.

A política da "tolerância zero" – que se trata do uso de estratégias coercitivas contra crimes de menor potencial ofensivo como forma de combater a violência em geral, cortando o mal pela raiz, com a repressão intransigente até dos menores delitos –, apresenta aplicação, divulgação e propagação muito exploradas e criticadas por Wacquant, que as considera como um dos símbolos máximos da submissão dos pobres ao capital, pois elas criminalizam a miséria.

> *De Nova York, a doutrina da "tolerância zero", instrumento de legitimação da gestão policial e judiciária da pobreza que incomoda – a que se vê, a que causa incidentes e desordens no espaço público, alimentando, por conseguinte, uma difusa sensação de insegurança, ou simplesmente de incômodo tenaz e de inconveniência –, propagou-se através do globo a uma velocidade alucinante. E com ela a retórica militar da "guerra" ao crime e da "reconquista" do espaço público, que assemelha os delinquentes (reais ou imaginários), sem-teto, mendigos e outros marginais a invasores estrangeiros.*
> (Wacquant, 2001, p. 30)

O estudo para a implementação de uma política pública é tarefa das mais complexas e intrincadas, com especial dificuldade na determinação de seus impactos desejáveis e possíveis, bem como de seus efeitos sobre a questão para a qual se está buscando uma resposta, devendo-se ainda atentar para suas consequências indiretas.

Wacquant (2001), em *As Prisões da miséria*, estuda a predominância da repressão criminal, que resulta no que o autor denomina

Estado penal, que tem como objetivo reeducar os segmentos menos preparados para o mercado de trabalho, mas cujos efeitos são a marginalização dos pobres, a ampliação do sistema penal e a liberação econômica, com a diminuição da intervenção do Estado na economia e a drástica redução das verbas para políticas sociais.

O autor acrescenta que a repressão criminal se propagou pelo mundo, primeiramente para a Europa e depois para praticamente todos os países capitalistas, tendo como eixos principais a discussão sobre o encarceramento e o seu incremento, com o recrudescimento do Estado policial, levando à segregação, ao aumento da criminalidade e à piora nas condições de empregabilidade das populações carentes.

> *Essa vasta rede de difusão parte de Washington e Nova York, atravessa o Atlântico para aportar em Londres e, a partir daí, estende suas ramificações por todo o continente. Ela encontra sua origem no complexo formado pelos órgãos do Estado americano oficialmente encarregados de promover o "rigor penal" que grassa nos Estados Unidos há duas décadas, tendo por resultado uma quadruplicação da população penitenciária absolutamente inédita em um período em que a criminalidade estagnava e depois recuava.* (Wacquant, 2001, p. 20)

Assim, ao optar por se industrializar e fornecer condições para que o capitalismo se instale e passe a ditar as regras da economia, que terão reflexos diretos nas condições de bem-estar social, o Estado está admitindo que a produção de bens de consumo e de serviço e a competitividade com fins de lucro têm mais importância do que a garantia de condições condignas de vida para toda a população – viável por meio da prestação de serviços essenciais, independentemente da adesão ou não ao modelo capitalista. Dessa forma, forma-se o Estado penal, que incrementa seu aparato de repressão em detrimento do Estado social, procurando respostas para a desordem provocada pela desregulamentação da economia, pela dessocialização do trabalho assalariado e pelo empobrecimento do proletariado.

O conceito de Estado penal foi criado por Wacquant e significa uma "hipertrofia do estado penal, em detrimento de um estado social (...) a retração da rede de segurança social, com cortes orçamentários nas políticas sociais, em particular na assistência, saúde, educação e habitação, e o deslocamento de recursos para a segurança pública" (Brisola, 2012, p. 130).

Essa política leva em consideração uma equação que seria, conforme Wacquant (2001, p. 77), "A chave da prosperidade norte-americana, e a solução para o desemprego de massa, residiria numa fórmula simples, para não dizer simplista: menos Estado". A aludida diminuição do Estado seria apenas na área social, que deveria ter os recursos revertidos para a área da segurança pública, causando o "desmantelamento do Estado-providência" (Wacquant, 2001, p. 77), com crescimento vertiginoso das desigualdades, o que alimentaria a segregação, a criminalidade e o desamparo das instituições públicas.

Conforme Brisola (2012, p. 130), citando Wacquant (2003),

> *especificamente a partir dos anos 1990, ocorreram nos Estados Unidos a retração da rede de segurança social, com [...] o deslocamento de recursos para a segurança pública, revelando o viés repressivo e punitivo da política governamental norte-americana. Implementaram-se, nesse sentido, políticas voltadas para o controle da ordem, com o apoio do aparato policial e do Judiciário.*

Brisola (2012, p. 130), ainda citando Wacquant (2008), ressalta que, para esse autor, "no período citado, as classes dominantes se 'convertem' à ideologia neoliberal, pressionando por transformações no âmbito do Estado às quais expressam a 'remoção do Estado econômico, o desmantelamento do Estado social e o fortalecimento do Estado penal'".

Assim, para Brisola (2012, p. 130), "em tempos neoliberais há a exacerbação de um 'Estado darwinista que transforma a competição em fetiche e celebra a irresponsabilidade individual (cuja contrapartida é a irresponsabilidade social), recolhendo-se às suas funções soberanas de 'lei e ordem', elas mesmas hipertrofiadas'".

A diminuição da rede protetiva para os indivíduos que se encontram à margem do mercado de trabalho industrial mostra-se drástica, pois joga grandes massas em condições precárias de subsistência, alijando-as da sociedade de consumo, o que impulsiona muitos indivíduos para a ilegalidade – como o consumo exagerado de álcool ou a vadiagem – e, assim, os cidadãos que não participam da sociedade industrial e de consumo – os desempregados – formam uma população que tem de ser condenada e aprisionada. Dessa forma, os resultados não poderiam ser outros: o crescente desemprego conduz ao empobrecimento e à concentração de riquezas, gerando efeitos devastadores nos índices criminais.

A busca por sustento de maneira ilícita gera uma conhecida "bola de neve" na segurança pública – nas palavras do autor, o "capitalismo de pilhagem" (Wacquant, 2001, p. 8). Os índices de criminalidade aumentam, o Estado penal incrementa as verbas e o seu aparelho de repressão, com a instituição de novos tipos criminais e a construção de novas prisões, realimentando, então, esse sistema. Conforme adverte Wacquant (2001, p. 7, grifo do original), a "penalidade neoliberal apresenta o seguinte paradoxo: pretende remediar com um 'mais Estado' policial e penitenciário o 'menos Estado' econômico e social que é a **própria causa** da escalada generalizada da insegurança objetiva e subjetiva em todos os países".

Aos que conseguem fugir desse círculo vicioso, resta aceitar qualquer emprego – que é melhor do que nenhum –, com qualquer remuneração. Conforme Wacquant (2001), o Estado penal americano impõe aos pobres essa aceitação "na medida em que traduz a implementação de uma política de criminalização da miséria que é complemento indispensável da imposição do trabalho assalariado precário e sub-remunerado como obrigação cívica" (Wacquant, 2011, p. 96).

A política de encarceramento massificado dos pobres contribui também para fins eleitoreiros com a disseminação nos meios de comunicação de que os resultados para a segurança pública e para o mercado de trabalho estariam sendo satisfatórios. Esses resultados (que são passíveis de questionamentos), no entanto, não se sustentam a longo prazo, prestando-se apenas para divulgação e uso em pequenos e médios períodos de tempo. Nas palavras de Wacquant (2001, p. 143),

> *a curto prazo o aumento substancial da população encarcerada reduz artificialmente o índice de desemprego ao omitir das estatísticas uma importante reserva de pessoas em busca de emprego. Porém, a médio e a longo prazo, só pode agravá-lo ao tornar mais dificilmente empregáveis – até mesmo inempregáveis num mercado de trabalho desqualificado bastante concorrido – aqueles que estiveram presos.*

Essa mesma política de encarceramento gera efeitos devastadores a longo prazo, humilhando, estigmatizando e brutalizando os detentos – que são segregados do convívio familiar e social em presídios que não lhes permitem condições mínimas de dignidade –, devolvendo-os, ao fim da reclusão, em condições sociais, psicológicas e profissionais muito piores do que as que apresentavam no momento de sua entrada no sistema. Nas lições de Wacquant (2001, p. 143),

> *a instituição carcerária [...] contribui ativamente para estender e perenizar a insegurança e o desamparo sociais que a alimentam e lhe servem de caução. Instituição total*

concebida para os pobres, meio criminógeno e desculturalizante moldado pelo imperativo (e o fantasma) da segurança, a prisão não pode senão empobrecer aqueles que lhe são confiados e seus próximos.

Portanto, o grande investimento na área da segurança pública deve ser na **prevenção**, especialmente por meio da educação, que liberta o homem para conviver de maneira harmônica em sociedade, restando o sistema punitivo apenas àquele que demonstrar conduta desviante mesmo tendo oportunidade de agir corretamente.

5.3 O abolicionismo penal em Hulsman

O holandês **Louk Hulsman** (1923-2009) foi um reconhecido criminólogo e professor de Direito Penal e Criminologia, que se dedicou à teoria abolicionista penal. Sua obra principal, escrita em parceria com Jacqueline Bernat de Celis, é *Penas perdidas: o sistema penal em questão*.

O **abolicionismo penal** é uma teoria criminológica derivada da criminologia crítica e se refere ao movimento tendente à descriminalização (deixar de considerar determinadas condutas como infrações penais) e à despenalização (eliminação da pena para a prática de certas condutas, embora estas continuem a ser consideradas delituosas), ou seja, à extinção de tipos penais incriminadores, sendo visto, por isso, como solução para o caos do sistema penitenciário. Nas lições de Nucci (2012, p. 395), é "uma nova forma de pensar o Direito Penal, questionando o significado das punições e das instituições, bem como construindo outras formas de liberdade e justiça. O movimento trata da descriminalização [...] e da despenalização".

Nucci (2012) esclarece que o abolicionismo penal é um novo método de estudo do direito penal, pelo qual se questiona o significado das punições, em especial da pena privativa de liberdade, que seria fonte de problemas e de crueldade e não asseguraria a ressocialização do apenado. Os estudos relacionados a esse conceito sugerem que a criminalização e a penalização deveriam ser substituídas por métodos alternativos de punição, sem a necessidade de encarceramento. Em sua visão, o abolicionismo é uma utopia, pois não estamos preparados para ele, especialmente no que se refere à delinquência violenta e ao crime organizado.

Os adeptos dessa teoria defendem que a abolição de tipos penais – reservando o direito penal apenas para as condutas tidas como de grande relevo, ou seja, as que ofendem os bens mais preciosos para a vida em sociedade – seria uma medida de justiça social e de respeito ao princípio da dignidade da pessoa humana, tendo ainda efeito na diminuição da população carcerária.

Conforme explica Anjos (2009), comentando sobre as finalidades do Estado e sobre como ele pode e deve instituir e atribuir penas criminais, ao longo da história do direito, muitas teorias foram desenvolvidas a fim de legitimar a intervenção estatal, havendo correntes totalmente contrárias, que procuram deslegitimar as penas criminais e o próprio direito penal. Nesse sentido, destaca-se "a corrente abolicionista como posição deslegitimadora do direito penal. Seus autores, com destaque para **Louk Hulsman**, sustentam que a atuação penal não possui qualquer legitimidade, sendo também desnecessária para a sociedade, além de causar diversos efeitos negativos" (Anjos, 2009, p. 4, grifo do original).

A concepção de Hulsman acerca da problemática envolvendo todo o sistema de direito penal se baseia na abordagem dos elementos criminológicos fundamentais: crime, pena, criminoso e vítima. Ele propõe a abolição completa da justiça criminal, deixando como alternativa a conciliação entre as partes, que deveria ser implementada na órbita particular, sem a interferência do Estado.

O pensamento hulsmaniano se concentra no que o autor designa "criminalidade convencional" (Hulsman; Celis, 1993, p. 53) e aponta as falhas nos sistemas penal e de execução de penas com apoio na teoria do etiquetamento, pertencente à criminologia crítica (conforme já abordamos no Capítulo 1). Esse pensamento originou o abolicionismo, que tem o sistema penal como objeto de estudo e objetiva destruí-lo.

O abolicionismo defende que o sistema penal, nos moldes apresentados atualmente, em que entes estatais intervêm na aplicação de penas de privação de liberdade, não tem condições de prevenir e de reprimir a ocorrência de crimes. A intervenção é, na verdade, fonte de violência, pois retira a resolução dos problemas do âmbito dos verdadeiros interessados.

Nesse sentido, Hulsman defende três razões fundamentais para abolir o sistema penal "1) causa sofrimentos desnecessários distribuídos socialmente de modo injusto; 2) não apresenta efeito positivo algum sobre as pessoas envolvidas nos conflitos e 3) é extremamente difícil de ser mantido sob controle" (Andrade, 2006, p. 172).

Há níveis mais ou menos acentuados de abolicionismo, mas há concordância entre todos de que *abolição* significa acabar com a cultura punitiva, em busca da superação da cultura e da ideologia do sistema penal, iniciando-se pela linguagem, que carrega termos e conteúdos estereotipados e estigmatizantes, como *crime, autor, vítima, criminoso, criminalidade, gravidade, periculosidade, política criminal* etc.

Para Hulsman (1997, citado por Andrade, 2006, p. 172), "A justiça criminal existe em quase todos nós, assim como em algumas áreas do planeta o 'preconceito de gênero' e o 'preconceito racial' existem em quase todos. A abolição é, assim, em primeiro lugar, a abolição da justiça criminal em nós mesmos: mudar percepções, atitudes e comportamentos".

Promover a abolição, para Hulsman, envolve rejeitar termos estigmatizantes e estereotipados e que induzem à ideia de culpa e ao preconceito contra a pessoa presumidamente criminosa e pertencente ao mundo dos maus. Assim, esses termos deveriam ser evitados, utilizando-se, em seu lugar, outras palavras ou expressões que tivessem conotação humanitária, por exemplo: *envolvidos, situações problemáticas, atos lamentáveis* e *comportamentos indesejados*. Por meio da alteração das nomenclaturas, acredita Hulsman, haverá também uma alteração de mentalidade, que facilitará a mudança do sistema penal.

Hulsman e Celis (1993) criticam o pensamento segundo o qual o sistema penal substitui a vingança privada, que deixaria de existir pela atuação daquele. Sobre isso, os autores citam a existência de milícias, como as do Estado do Rio de Janeiro, como situação em que a justiça privada, "agindo sob a forma de autodefesa punitiva, se dá precisamente em contextos onde o sistema penal funciona a todo vapor" (Hulsman; Celis, 1993, p. 114).

Quem sofre com a criminalidade, por certo, clama por maior segurança, que o proteja de todos os perigos. Na visão de Hulsman e Celis, no entanto, o sistema penal não ajuda nessa proteção, o que leva as pessoas a pedirem por mudanças que passariam pelo fenômeno da "autodefesa **punitiva**" (Hulsman; Celis, 1993, p. 115, grifo do original). Nesse sentido, "O enfoque abolicionista se aproxima delas, ao reconhecer que o sistema penal não protege nem ajuda ninguém", o reforço no sistema vigente não traria nenhuma ajuda, ao "contrário, um tal reforço só viria a agravar sua situação, pois, no sistema penal, a vítima não tem nenhum espaço e nem poderia tê-lo" (Hulsman; Celis, 1993, p. 115).

Hulsman questiona se o sistema penal – composto pelo **Código Penal**, que descreve e limita as condutas típicas e puníveis, pelo **Código de Processo Penal**, que estabelece garantias para que ninguém seja preso de forma arbitrária, e pelo **Poder Judiciário**, independente do Poder Executivo – realmente protege os indivíduos de qualquer constrangimento arbitrário e se é válido para a sociedade atual.

Argumentam os abolicionistas que a regra da intervenção penal mínima – pela qual o direito penal deveria intervir somente em situações de grande relevo, princípio conhecido com *ultima ratio* – não é aplicada, implicando quebra da igualdade.

Para o pensamento hulsmaniano, a ideia de que o sistema penal é racional – as instituições públicas funcionam em harmonia e intervêm a seu tempo, com o parlamento fazendo leis que são aplicadas pela polícia, pelos juízes e pelo sistema penitenciário – é mentirosa, pois cada órgão ou serviço trabalha isoladamente e sem rigor no acatamento da legislação. Cada instituição incumbida do sistema penal possui ideologias e culturas próprias e por vezes entra em choque com outros órgãos, o que dificulta o cumprimento de seus objetivos de prover segurança para que a população possa conviver e produzir com tranquilidade e de garantir o livre exercício dos poderes constituídos.

Para Hulsman e Celis (1993, p. 59), na "realidade, o sistema penal estatal dificilmente poderia alcançar tais objetivos. Como todas as grandes burocracias, sua tendência principal não se dirige para os objetivos externos, mas sim para objetivos internos".

A alternativa correta ao sistema penal seria a conciliação, pela qual os conflitos seriam resolvidos pela intervenção dos envolvidos nas situações problemáticas, causando a extinção do sistema penal e a instituição de um sistema civil adaptado para a resolução de conflitos. A conciliação colocaria os contendores diante de conciliadores que formariam "comissões *ad hoc*", as quais, por terem proximidade e afinidade com as questões locais, seriam capazes de intervir sem violência e com qualidade e rapidez.

> Estes conciliadores formam comissões ad hoc, compostas
> de membros escolhidos de acordo com as pessoas que soli-
> citam a intervenção do Comununity board. Se o conflito
> se dá entre porto-riquenhos ou entre mexicanos, há pelo
> menos um porto-riquenho ou um mexicano na comissão;
> se o conflito opõe um homem a uma mulher, terá que ha-
> ver ali um homem e uma mulher; se o conflito se desen-
> volveu entre um comerciante e jovens, terão que estar ali
> um comerciante e jovens. (Hulsman; Celis, 1993, p. 134)

Se as sociedades – em especial a brasileira – estão maduras o suficiente para abrir mão da intervenção penal estatal e para partir em direção à conciliação, sem que isso represente uma volta à barbárie e à tomada de ação pelas próprias forças, é questão que deixamos para a reflexão dos leitores, tendo por base os pensamentos aqui resumidos, que são os mais radicais do ponto de vista das teorias criminológicas.

5.4 A sociabilidade violenta em Machado da Silva

Luiz Antônio Machado da Silva, nascido em 1941, na cidade do Rio de Janeiro, é sociólogo e professor do Instituto de Estudos Sociais e Políticos da Universidade do Estado do Rio de Janeiro e tem as seguintes linhas de pesquisa: mercado de trabalho e desigualdade social; crime violento, política e sociabilidade no Rio de Janeiro; mercado de trabalho e classes populares; violência, sociabilidade e território.

A expressão ***sociabilidade violenta*** é mobilizada no artigo *Sociabilidade violenta: por uma interpretação da criminalidade contemporânea no Brasil urbano* (Machado da Silva, 2004) e em demais trabalhos do autor relacionados a essa temática. O professor trata da violência urbana brasileira baseando-se na premissa comum do monopólio conferido ao Estado para o uso da força, no intuito de manter o respeito ao Estado democrático e dar vigência à legislação. O autor transita, contudo, pela violência espraiada por praticamente todas as cidades brasileiras, nas quais há a impressão de que o Estado não tem mais esse monopólio, o que o levou a cunhar a concepção de *sociabilidade violenta*.

O conceito engloba o componente qualitativo que, no entender do autor, não consta rotineiramente nos estudos acerca da criminalidade urbana, calcados especialmente em pesquisas quantitativas, que utilizam dados estatísticos. O componente qualitativo corresponde à sensação de segurança ou de insegurança percebida pela população, que é fruto da banalização do uso da força física pelos criminosos. Assim, a criminalidade cada vez mais violenta leva à sensação de insegurança, vulgariza o uso da violência e leva ao aumento dos crimes dessa natureza.

A visão de Machado da Silva apoia-se no ideário comum acerca da criminalidade violenta e utiliza em seus estudos as experiências das comunidades envolvidas em situações de violência para afirmar que estamos diante de uma nova configuração de sociabilidade, que exige uma nova forma de análise para seu entendimento e para o enfrentamento da ilicitude, visto que a violência física, especialmente a relacionada às drogas ilícitas, cresceu a ponto de ganhar espaço entre os problemas urbanos de maior dimensão. O crescimento vertiginoso dos crimes violentos tem por efeito limitar o exercício de direitos fundamentais da sociedade, que está ameaçada em seu exercício de ir e vir, em suas propriedades e em sua vida.

Analisando a experiência da busca por soluções no incremento do aparato estatal, que não estaria suficientemente preparado ou não teria a envergadura necessária para dar as respostas necessárias, Machado da Silva verificou que apenas esse acréscimo não tem o efeito esperado e não é, portanto, a ação desejada.

De acordo com o autor, há um aumento nas experiências coletivas de insegurança, o que gera uma atenção especial aos problemas relacionados à segurança pública no Brasil, com foco nas dificuldades das

> agências de controle e repressão ao crime [...]. O funcionamento interno dos aparelhos estatais de controle social, portanto, fica reforçado como objeto privilegiado da atenção, o que contribui para manter em uma posição de mero epifenômeno as próprias práticas que deram origem a toda a reflexão. (Machado da Silva, 2004)

A questão não pode ser tratada apenas como "caso de polícia", ligada aos problemas institucionais, comportamentais ou de eficiência dos entes estatais; por certo, os primeiros têm influência na percepção de insegurança pública; no entanto, somente eles não respondem à questão.

O autor constata que o crescimento dos entes estatais responsáveis por garantir a segurança pública deveria dar espaço à cidadania no tratamento dos problemas dessa área – sem, no entanto, desqualificar a interpretação dominante –, melhorando as condições dos menos favorecidos economicamente e dos recolhidos ao sistema prisional.

A expressão *sociabilidade violenta* foi cunhada por Machado da Silva com base na cidade do Rio de Janeiro, tendo em vista sua experiência direta e seu trabalho sociológico naquela cidade. Parece-nos bastante razoável, no entanto, que esse conceito pode ser estendido para a maioria dos grandes centros urbanos brasileiros, guardadas as devidas proporções e peculiaridades regionais.

Machado da Silva (2004) esclarece que, no âmbito de seus estudos, "o crime comum violento não é o 'momento' de um processo, mas sim um 'objeto construído', parcial, autônomo e, portanto, autocontido". Assim, ele não está interessado em descrever o que é a "verdade" quando estuda as relações de força, mas em propor uma interpretação "sobre como os envolvidos as vivem – como as praticam, experimentam e representam" (Machado da Silva, 2004).

O autor destaca ainda que a pesquisa sobre as formas de organização das relações sociais de força, objeto de estudo da sociabilidade violenta, não trata, por questão metodológica, de alguns tipos de violência, mesmo que também envolvam violência física, como a violência doméstica e os crimes sexuais.

Com base na constatação de que as populações urbanas aceitam e difundem a ideia de que o crime comum violento e suas vítimas podem ser definidos pela expressão *violência urbana*, o autor entende que essa expressão pode ser objeto de uma crítica racional. A violência urbana, na visão de Machado da Silva (2004), "seleciona e indica um complexo de práticas que são consideradas ameaças a duas condições básicas do sentimento de segurança existencial que costuma acompanhar a vida cotidiana rotineira – integridade física e garantia patrimonial". A violência urbana dissemina a sensação de falta de segurança não apenas por contrariar a lei, mas especialmente pelo uso da força física, o qual traz reflexos na forma de vida e na organização das relações sociais, enfraquecendo a ideia de monopólio estatal do uso da força, sem retirá-lo da rotina cotidiana, conforme segue:

> A violência urbana representa um complexo de práticas hierarquicamente articuladas – ou seja, uma ordem social – e não apenas um conjunto inorgânico de comportamentos individuais, cujo sentido está fora deles, nos padrões de conduta que constituem a ordem social da qual tais comportamentos se desviam. Por outro lado, como venho insistindo, nada disto autoriza a afirmação de que a violência urbana destrói ou substitui os padrões convencionais de sociabilidade. (Machado da Silva, 2004)

Assim, na sociabilidade violenta, o uso da força é direcionado para a obtenção das vantagens desejadas, e não para a organização das práticas que levarão a essa obtenção, visto que tais práticas se fundamentam no princípio geral de subjugação pela força. As populações sujeitas à sociabilidade violenta – especialmente os moradores de favelas –, além do acatamento à legislação geral do país, têm de se inserir de forma submissa como participantes dessa sociabilidade, aderindo à "lei do silêncio", para continuar suas vidas "normalmente".

5.5 A sujeição criminal em Misse

Michel Misse, nascido em 1951, na cidade de Itapemirim (no Espírito Santo), graduou-se em Ciências Sociais no ano de 1974 e é mestre e doutor em Sociologia. Sociólogo e professor, com uma vasta produção acadêmica e literária, é um atuante estudioso da violência urbana no Brasil. Atualmente, é professor titular de Sociologia do Departamento de Sociologia do Instituto de Filosofia e Ciências Sociais da Universidade Federal do Rio de Janeiro. Concentra suas linhas de pesquisa em: criminalidade, conflito social e violência urbana; teoria social e modernidade; teoria sociológica; criminalidade e violência urbana; Weber e Marx; novos desenvolvimentos sobre uma divergência problemática.

Estudar a **sujeição criminal** implica a verificação do sujeito que, no Brasil, é rotulado de "bandido" – um tipo de indivíduo que, entre outras coisas, não está voltado para o bem comum. A interpelação das forças de segurança, as leis penais e a moralidade pública produziriam o chamado ***sujeito criminal***. Nas palavras de Misse (2010, p. 15, grifo do original), *o sujeito seria o pressuposto da agência, já que não se pode explicá-la sem a intervenção ativa que contrapõe a estrutura. Se tomarmos estrutura como poder (mesmo no sentido amorfo weberiano), então a experiência da* **sujeição** *(no sentido de subjugação, subordinação, assujetissement) seria também o processo através do qual a subjetivação – a emergência do sujeito – se ativa como contraposto da estrutura, como ação negadora. O sujeito, nesse sentido, é o efeito de ser posto pela estrutura (poder) e de emergir como seu ser contraposto e reflexivo (potência).* (Misse, 2010, p. 15, grifo do original)

Em um regime democrático, ao menos em teoria, todas as pessoas são beneficiárias de maneira inalienável do respeito aos direitos humanos – garantias individuais, legais e constitucionais que têm por objeto a proteção à vida, à liberdade e à integridade –, pois eles são universais. Na prática, entretanto, os regimes democráticos sujeitam os direitos humanos a mecanismos de exceção.

Os autores de crimes atrozes, especialmente os que ganham notoriedade e ampla divulgação midiática, acabam por ser considerados como indignos de respeito a todos os direitos e a todas as garantias, quase como se perdessem o *status* de humanos. Guinados à categoria de "monstros", com questionamentos sobre sua humanidade, podem, assim, ter desrespeitadas algumas garantias e ser qualificados como pessoas sujeitadas criminalmente.

Surge, então, o conceito de *sujeição criminal*, que, nas palavras de Misse (2010, p. 23), "engloba processos de rotulação, estigmatização e tipificação numa única identidade social, especificamente ligada ao processo de incriminação e não como um caso particular de desvio".

Menos perceptível do que os autores desses crimes é a sujeição criminal de seus familiares e das pessoas marginalizadas e segregadas socialmente, que sofrem com a interpelação policial, com os olhares e os julgamentos por parte da moralidade pública e com as leis penais. Essa sujeição normalmente aflige as camadas mais pobres da população, cujos membros, mesmo sem cometer nenhum ilícito, são rotulados como "bandidos" ou "suspeitos" apenas por sua condição social ou étnica.

Assim, sujeição criminal, articulada ao sentimento de insegurança e a uma concepção de incriminação baseada no sujeito, é o processo social em que a incriminação acontece mesmo antes da ocorrência de qualquer crime, havendo o deslocamento do foco do evento para o sujeito e do crime para o potencial criminoso. No processo de sujeição criminal, como afirma Misse, a prevalência extralegal seria generalizada – busca-se o sujeito de um crime que ainda não ocorreu (Manso, 2012).

Citando diversos autores, Misse destaca o processo chamado de ***desvio secundário***, aquele em que o indivíduo tem uma concepção de si e de suas ações que se adéqua às concepções que outras pessoas têm dele. Com relação ao *status* negativo atribuído ao desviante, popularizado como *rótulo* e podendo ser denominado também de *estigma*, o autor adverte:

> *Na sujeição criminal encontramos esses mesmos processos, mas potencializados por um ambiente de profunda desigualdade social, forte privação relativa de recursos de resistência (ou ocultação social) à estigmatização e pela dominação (mais que apenas pelo predomínio) da identidade degradada sobre todos os demais papéis sociais do indivíduo. O rótulo "bandido" é de tal modo reificado no indivíduo que restam poucos espaços para negociar, manipular ou abandonar a identidade pública estigmatizada. Assim, o conceito de sujeição criminal engloba processos de rotulação, estigmatização e tipificação numa única identidade social, especificamente ligada ao processo de incriminação e não como um caso particular de desvio.* (Misse, 2010, p. 23)

Nesse sentido, o crime é intrínseco a determinado indivíduo; é de sua essência, ou seja, a sujeição criminal promove uma subjetivação do bandido, que deixa de ser sujeito de direitos humanos – pois não é um "humano direito" – e pode ser eliminado em prol da ordem democrática e da segurança pública, como adverte Misse (2010, p. 21):

> Também por isso podemos considerar que a sujeição criminal é um processo de criminação de sujeitos, e não de cursos de ação. Trata-se de um sujeito que "carrega" o crime em sua própria alma; não é alguém que comete crimes, mas que sempre cometerá crimes, um bandido, um sujeito perigoso, um sujeito irrecuperável, alguém que se pode desejar naturalmente que morra, que pode ser morto, que seja matável.

É de longa data o fato de que as sociedades civilizadas aboliram a resolução pessoal violenta de conflitos, levando para o monopólio estatal o uso da força, o que provocou uma discrepância entre a criminalidade real e a legal (aparente, registrada). Portanto, na realidade, há mais conflitos do que os registrados oficialmente, especialmente pelo fato de que são registrados apenas os confrontos tipificados como ilícitos – e mesmo estes são subnotificados – e, dos notificados, nem todos têm uma prestação jurisdicional do Estado, que lhes confirme o caráter criminoso; assim, a criminalidade real é diferente da legal.

É alvo de maior interesse a criminalidade legal – aquela reconhecida pelo Estado –, pela qual, ocorrendo um fato tido como criminoso, o indivíduo na posição de vítima tem de abrir mão de tomar providências por contra própria, posto que essa atribuição é estatal. O Estado, posteriormente, por meio do dispositivo da incriminação – legislações penal e processual penal, interpretadas por entes do Estado – conclui ter ocorrido ou não uma transgressão à lei – em caso positivo, ela deverá ser criminada.

A diferença entre a criminalidade legal e a real tende a ser menor quanto maior for a distância social – que é um indicador de como se praticam, se operam e se representam as relações de poder numa determinada sociedade –, com repercussões nas passagens da mera acusação social para a incriminação e da recriminação para a criminação-incriminação. Dentro de um ambiente em que a distância social for menor ou inexistente, há a tendência de a diferença entre as criminalidades ser acentuada.

Como alerta Misse (1999, p. 70), "Distância social desregulada e práticas crimináveis recorrentes constituirão, por sua vez, o principal núcleo da mobilização para a incriminação dos indivíduos acusados e para a constituição da sujeição criminal na modernidade". Portanto, a grande distância social produz uma mobilização para que seja efetuada a denúncia, pois, nesse caso, inexistem fatores atenuadores dessa mobilização.

Nos estudos de Misse (1999), foram identificadas duas dimensões da acumulação social da violência no Rio de Janeiro (que, por certo, podem ser consideradas como comuns a quase todos os grandes centros urbanos brasileiros): "1) a acumulação de redes de venda à varejo de mercadorias ilícitas (jogo do bicho, bens roubados e drogas) com base na sujeição criminal acumulada ao longo de décadas nas áreas pobres da cidade; 2) o aumento da oferta de '**mercadorias políticas**'" (Misse, 1999, p. 288, grifo do original).

Para o autor, "mercadorias políticas" são uma gama de bens ou serviços compostos por recursos "políticos", não necessariamente públicos, que podem ser objeto de apropriação ou troca (livre ou não, legal ou ilegal, criminal ou não) e que contrariam a regulamentação estatal. A corrupção seria um dos tipos principais de *mercadoria política*, havendo ainda o clientelismo, que se diferencia sutilmente da corrupção por geralmente ser legal ou tolerado, pois é uma forma de poder baseada na troca de mercadorias políticas e econômicas.

A identidade de "bandido", não raras vezes, é obtida não apenas pela prática do crime mas também pela convivência próxima, social ou familiar com quem efetivamente tenha por hábito a realização de delitos. A instituição dessa "identidade" é uma forma de sujeição criminal, diferenciando tipos sociais, conforme argumenta Misse (1999, p. 47):

> *A tradicional associação da pobreza urbana com o que seriam suas potencialidades desnormalizadoras abre caminho para a construção do fantasma mais persistente da modernidade, o que interliga pobreza urbana, pauperismo e falta de alternativas regulares de mobilidade social ascendente ao incremento da opção criminal, em casos individuais, ou da revolta popular ou política, em caso de ação coletiva.*

Não é difícil concluir, especialmente se considerarmos os desvios de dinheiro público investigados no Brasil a partir do ano de 2014, que uma das mais fortes molas propulsoras da criminalidade e da sujeição criminal advém da política transformada em mercadoria.

Síntese

Neste capítulo, observamos os pensamentos de sociólogos contemporâneos que refletem acerca da criminalidade e da violência, com especial atenção à relação desses fenômenos com a mão de obra e com as condições sociais e culturais das pessoas.

Evidenciamos as prováveis causas e os efeitos da sensação de insegurança – vivida não só no Brasil, mas experimentada em praticamente todo o mundo capitalista.

Para saber mais

BATISTA, V. M. (Org.). **Loïc Wacquant e a questão penal no capitalismo neoliberal.** 2. ed. Rio de Janeiro: Revan, 2012.

Indicamos a leitura desta obra, pois ela proporciona uma visão das políticas criminais comumente aplicadas internacionalmente, possibilitando formar sua opinião sobre sua aplicação prática na resolução dos problemas de segurança e criminalidade.

Questões para revisão

1) A respeito do pensamento hulsmaniano, assinale V para as proposições verdadeiras e F para as falsas:

( ) O sistema penal é racional e as instituições públicas funcionam em harmonia e intervêm a seu tempo.

( ) Cada órgão público trabalha em conjunto com o outro, com grande rigor no acatamento das leis. As instituições incumbidas do sistema penal têm a mesma ideologia e cultura.

( ) A tendência principal do sistema penal estatal, como todas as grandes burocracias, não se dirige aos objetivos externos, mas aos objetivos internos.

( ) O sistema penal causa sofrimentos desnecessários distribuídos socialmente de modo injusto.

( ) O sistema penal é muito fácil de ser mantido sob controle do Estado.

Assinale a alternativa que corresponde corretamente à sequência obtida:
a. V, F, F, V, F.
b. V, V, F, F, F.
c. F, F, V, V, F.

d. F, V, V, V, F.
e. F, V, F, V, V.

2) Sobre *sociabilidade violenta*, assinale a alternativa correta:
   a. A expressão *violência urbana* é utilizada de forma genérica para definir qualquer tipo de crime, especialmente os cometidos pelos políticos.
   b. A violência urbana dissemina a sensação de segurança apenas por contrariar a lei.
   c. A violência urbana dissemina a sensação de segurança apenas pelo uso da força física.
   d. A violência urbana seleciona e indica um complexo de práticas que são consideradas ameaças a duas condições básicas do sentimento de segurança existencial que costuma acompanhar a vida cotidiana – a integridade física e a garantia patrimonial.
   e. O uso da força por parte dos criminosos traz reflexos na forma de vida e na organização das relações sociais, acabando com o monopólio estatal do uso da força.

3) Sobre a relação entre o cárcere e a fábrica, assinale V para as proposições verdadeiras e F para as falsas:
   ( ) A punição por meio do encarceramento tem por objetivo principal a ressocialização dos presos.
   ( ) No fim do período feudal, em virtude do surgimento das fábricas manufatureiras, a mão de obra que veio do meio rural foi facilmente absorvida pelo sistema econômico capitalista.
   ( ) No fim do século XV e durante todo o século XVI, proliferou por toda a Europa Ocidental uma legislação sanguinária contra a vagabundagem.
   ( ) Pelo fato de o sistema penal servir ao capitalismo, aquele tem de adaptar seus métodos a este, dependendo de seus momentos de escassez ou de fartura.

( ) A punição por meio do encarceramento tem por objetivo principal a profissionalização dos presos.

Assinale a alternativa que corresponde corretamente à sequência obtida:

a. V, F, F, V, F.
b. F, F, V, V, F.
c. F, F, V, F, F.
d. F, V, V, V, F.
e. V, V, F, V, F.

4) No entendimento de Melossi e Pavarini (2006), no contexto do surgimento das casas de correção, qual seria a única atitude interpretada como portadora de uma verdadeira intenção criminosa?

5) De acordo com Loïc Wacquant, qual foi a suposição natural para explicar o desaparecimento de um jovem morador de um gueto negro de Chicago?

Questões para reflexão

1) De posse dos temas estudados neste capítulo, somando-os a suas experiências pessoais e às informações disponíveis na imprensa, reflita sobre as relações do mercado de trabalho e das oportunidades de educação e emprego com a criminalidade e o crescente encarceramento vivenciado atualmente no Brasil.

2) Procure observar o sistema legislativo brasileiro, com especial atenção para a questão penal e para o sistema prisional, refletindo se há alguma forma de discriminação na formulação e na aplicação dessa legislação, a ponto de podermos afirmar que existe um direcionamento para o encarceramento das classes economicamente menos favorecidas.

VI

Estudos sobre violência e criminalidade na sociologia brasileira

Conteúdos do capítulo:

- » Valores éticos.
- » Criminalização da pobreza.
- » Movimentos sociais.
- » Juventude e criminalidade.
- » Questão carcerária.
- » Pena de morte.

Após o estudo deste capítulo, você será capaz de:

1. compreender as causas do crime e da violência no Brasil;
2. reconhecer os problemas da segurança pública e do sistema carcerário brasileiro;
3. identificar os motivos e as consequências de estigmas e de realidades de indivíduos e coletividades;
4. discorrer a respeito da sociologia da violência nacional.

É de amplo conhecimento que a situação da segurança pública brasileira há muito tempo vem piorando, devido a fatores estruturais, econômicos, educacionais e culturais, entre outros. Essa situação encontra muitas explicações na sociologia aplicada ao estudo da violência e da criminalidade.

O objetivo deste capítulo, com base na situação brasileira e em suas explicações, é buscar uma melhor compreensão de quais são os principais fatores que levam ao crime e à violência e de quais são suas consequências. Para tal, analisaremos os valores morais, a estigmatização, as características de grupos etários e sociais, a situação carcerária e a banalização da vida.

6.1 Valores éticos

Como vimos no Capítulo 1, o conhecimento da sociologia criminal tem fortes ligações com os conhecimentos referentes à ética. Em relação a isso, analisamos a importância do estudo, do conhecimento e da aplicação dos princípios éticos para a boa convivência em sociedade, bem como as influências do não acatamento e da não aplicação desses princípios na exacerbação da criminalidade na sociedade atual.

Ao abandono dos princípios éticos e ao culto ao consumismo, soma-se o afrouxamento dos valores morais, equação que é um dos motores propulsores da escalada da violência.

Constantemente, ouvimos comentários acerca de vivermos atualmente uma "crise de autoridade na sociedade". Certamente, muitos dizem que os jovens não respeitam as instituições públicas ou a polícia. Esse desrespeito, em grande medida, é uma realidade, mas sua explicação vai mais longe. Há realmente uma crise de autoridade, pois as pessoas já não respeitam os pais e os avós, os líderes religiosos, os idosos ou os professores, que, por vezes, não se fazem ou não sabem como se fazer respeitar.

Com relação a essa crise de autoridade, Machado da Silva (2004) aponta que há um desrespeito, por motivos internos e externos, às agências públicas incumbidas da segurança da população: "a eficácia das agências de segurança pública e seu teor mais ou menos democrático – aponta, em última instância, para a profunda crise de autoridade amplamente reconhecida e, por isso mesmo, questão central da agenda pública".

Cada indivíduo é único e quer ser respeitado em sua individualidade. Há, no entanto, limites para esse respeito, que se situam na fronteira da individualidade alheia. Vemos aqui mais algumas questões a serem estudadas: O respeito à individualidade alheia e a capacidade de pensar sobre o ponto de vista do outro nos levaria a uma convivência menos violenta? Podemos buscar satisfazer nossas necessidades particulares sem sermos individualistas de forma ilimitada? O respeito às individualidades e a adoção de uma visão comunitária aliviariam as tensões sociais e os conflitos existentes?

Mas o que são e quais são os valores éticos e morais mais caros à sociedade brasileira?

Segundo Weil (1994, p. 46), "valor é uma variável da mente que faz com que o ser humano decida ou escolha se comportar numa determinada direção e dentro de determinada importância".

Por certo, os valores de uma sociedade não são estanques ou inertes, pois estão sujeitos a um constante processo de construção. Segundo as lições de Araújo e Aquino (2001, p. 15),

> é premissa teórica [...] que os valores são construídos na interação mesma entre um sujeito imbuído de razão e emoção e um mundo constituído de pessoas, objetos e relações multiformes, díspares e conflitantes. Dessa maneira, os valores são construídos a partir do diálogo e da qualidade das trocas que são estabelecidos com as pessoas, grupos e instituições em que vive.

A despeito de os valores estarem em constante processo de construção, não pode haver uma ruptura com princípios estabelecidos e sedimentados apenas para satisfazer a desejos ou a pretensas necessidades individuais e momentâneas. Nesse sentido, recordamos a citação apresentada no Capítulo 1: "Há coisas que eu quero, mas não devo. Há coisas que eu devo, mas não posso. Há coisas que eu posso, mas não quero" (Cortella, 2009, p. 107).

Valores como lealdade, honestidade, responsabilidade, liberdade, justiça e honradez, entre outros, permeiam e fundamentam a convivência em sociedade, são independentes da vontade individual e uma imposição a quem pretenda bem conviver.

O afrouxamento de valores leva à falta de autoridade moral na família, nas instituições religiosas, no ambiente escolar e em toda a sociedade, redundando em reflexos negativos na segurança pública e na violência vivenciada em nossos tempos.

A relação entre violência e ética está, na verdade, na **falta de ética**. Está na falta de internalização de valores éticos, que faz com que as pessoas neguem a existência ou a importância desses valores, o que culmina nas mais diversas manifestações de violência.

A explicação para a piora das condições de segurança, não apenas no Brasil, mas nos mais diversos países, passa certamente pelo não acatamento de valores éticos, bem como pelo já comentado consumismo desenfreado.

Estamos agora em condições de compreender porque a violência recrudesce no mundo todo. Podemos apontar, sem receio, duas causas fundamentais para a ocorrência do fenômeno: falência dos valores morais tradicionais, fundados nas grandes metanarrativas, que caíram no descrédito; e a suplantação do valor de uso dos objetos pelo valor econômico artificial, que ganhou substância ao "criar" demandas transcendentes às "necessidades" suficientes a uma existência humana digna. (Gomes, 2014)

O autor destaca também que

> o recrudescimento da violência no mundo não é uma consequência inevitável da relativização dos costumes, dos valores, das visões de mundo etc., mas da inversão de valores que ela provocou. Entendemos que, não o desaparecimento, mas a troca de valores na sociedade atual permite compreender a condição na qual nos encontramos. (Gomes, 2014)

A paralisação forçada da Polícia Militar no Estado do Espírito Santo ocorrida em 2017 nos leva a refletir sobre a sociedade brasileira e seus freios morais. O fato de não haver patrulhamento ostensivo daquele órgão de segurança pública gerou o caos nas cidades capixabas, fruto da fragilidade moral de nossa população, e não de conflitos rotineiros ou da falta de fiscalização estatal.

> Na greve da PM no Espírito Santo cidadãos comuns foram vistos realizando saques em lojas e supermercados. A ausência da polícia revela uma realidade assustadora: o caos ético e moral [em] que se encontra o nosso país. Quando a polícia se torna a regra de conduta das pessoas, o instrumento de controle que as impede de cometer crimes percebe-se a falta de consciência ética e moral. Retirada a polícia vem à tona o desejo latente de um povo corrupto. Idiotice pensar que só políticos são desonestos, tendo oportunidade, muitos se tornam criminosos. A conclusão é a seguinte: Se precisamos de polícia para sermos honestos, somos uma sociedade de bandidos soltos!
> (Oliveira, citado por Caos ético..., 2017)

Por essa concepção, a crise não advém da falta de valores ou da falta de seu cumprimento, mas de algo que reputamos ainda mais pernicioso, pois vem da existência de valores diferenciados, postos e acatados, que têm natureza tal que levam ao individualismo exacerbado e à violência. O dinheiro, os bens de consumo e a riqueza seriam os novos valores que governam a sociedade e que acabariam desencadeando a falência de princípios anteriormente considerados como socialmente relevantes, em especial o respeito à autoridade em suas mais diversas manifestações (família, escola, igreja etc.).

O discurso contra a corrupção, atribuída, em regra, à classe política, ganhou corpo no Brasil nos últimos tempos, como demonstra a citação de Sérgio Oliveira, apresentada anteriormente. Essa corrupção seria um dos grandes males que assolam nossa nação e a origem de diversos outros crimes. Comentando esse assunto, em entrevista concedida ao ator Lázaro Ramos, Leandro Karnal mencionou uma frase atribuída a Carlos Lacerda, durante a crise de 1954: "Somos uma nação de trabalhadores honestos governados por ladrões". Em seguida, entretanto, ele refutou essa afirmação: "Eu insisto, e tenho dito sistematicamente, não existe governo corrupto numa nação ética; e não existe nação corrupta com governo transparente e democrático. [...]. A corrupção, portanto, é um mal social. Um mal coletivo, e não apenas do governo" (Leandro Karnal faz..., 2016).

6.2 Criminalização da pobreza

Já de início, assentamos nossa posição de que a falta de oportunidades, a dificuldade de acesso a bens materiais e ao consumo ou, ainda, a privação material, por si sós, não dão ensejo ao crime. A privação somada ao contexto cultural de consumismo desenfreado e de culto ao sucesso individual, pode facilitar a adesão a meios ilícitos para a obtenção de bens de consumo desejados e êxito pessoal. A facilidade ou a fartura de consumo, no entanto, não afastam as pessoas do crime.

Reflitamos sobre o raciocínio de que o crime é resultado da falta de oportunidades ou da privação material. Essa ideia não seria muito simplista e preconceituosa? Se a razão fosse tão singela, o que explicaria a delinquência entre pessoas com médio ou alto poder aquisitivo? E, ainda, se a pobreza gerasse a criminalidade, por que apenas uma ínfima parcela da população menos abastada acaba por cometer delitos?

Associar de forma direta a pobreza à realização de crimes não nos parece correto. O que acontece é que, em regra, os crimes violentos, com uso de armas e com resultados naturalísticos – aqueles perceptíveis pelos sentidos, como lesões corporais ou a própria morte – são característicos de agentes com menor poder aquisitivo, que cometem os ilícitos com o fim de obter uma vantagem econômica imediata. Não podemos nos esquecer, no entanto, da existência de uma gama enorme de tipos penais não violentos ou que não possuem fins econômicos. Sobre esses, citamos os crimes passionais e sexuais e os chamados "crimes do colarinho branco" – que estudamos, no Capítulo 3, quando falamos sobre a teoria da associação diferencial, na qual Sutherland criou a expressão. Para esse autor, não são apenas os indivíduos pobres que cometem crimes, pois pessoas de alto nível social e intelectual também os fazem – em geral, por meio de fraudes, como crimes econômicos ou mesmo na administração de empresas, comércios ou indústrias.

Para Sutherland, o comportamento criminoso se aprende pela observação no meio social, quando o indivíduo se associa ao comportamento verificado. Não basta, portanto, viver em um ambiente desfavorável para que o indivíduo venha a delinquir, isso somente ocorrerá pela sua adesão ao comportamento que ele observa.

A correlação feita por muitos entre criminalidade e pobreza, ou entre criminalidade e características físicas ou étnicas, não é nova e já se prestou para embasar diversos estudos e pensamentos aceitos por muito tempo, como as conclusões de Cesare Lombroso (1835-1909), de quem já falamos no Capítulo 1, quando abordamos a criminologia.

Ainda hoje, contudo, há quem defenda essa relação. Nas palavras de Silva (2008, p. 50), "embora com menos eco, atualmente ainda há quem fale em criminoso por tendência, em criminoso nato, em traços fisionômicos supostamente característicos de criminosos, em raças propensas ao crime, em valores negativos atados à condição de pobreza etc."

Para a socióloga Vera Malaguti Batista (2006), é um erro vincular a "questão criminal com a pobreza'". Para ela, essa relação é "quase ofensiva à pobreza. É como se a pobreza produzisse a criminalidade. Quem trabalha na perspectiva da criminologia crítica costuma dizer que a pobreza é criminalizada".

Batista (2006) assevera também que "há uma falsa posição que relaciona a questão criminal com a miséria e a pobreza. Os mais conservadores fazem essa associação, e isso fica equacionado de uma forma quase ofensiva à pobreza". A socióloga argumenta que vivemos uma catástrofe no sistema carcerário, em decorrência de uma política neoliberal e de sua forma de pensar a questão criminal, que criminaliza a pobreza.

É comum também que manifestações culturais populares de dança, como o samba, a capoeira e o *funk*, que nasceram em comunidades carentes, tendam a sofrer olhares permeados de preconceito e de criminalização, sob a perspectiva de que incitam as pessoas à violência e à rebeldia contra o sistema legal imposto. Aqui reside mais um equívoco, pois a vinculação dessas manifestações culturais com o crime talvez possa ser feita com os crimes violentos, mas não com os crimes de uma maneira geral.

Nesse sentido, leciona Wacquant (1999), quando comenta sobre o propalado aumento da violência entre jovens moradores de bairros periféricos, que há atualmente um discurso de pânico a esse respeito, que precisa ser reduzido seriamente. Esse autor destaca que a mídia, a polícia, a escola, os transportes etc. prestam grande atenção ao fenômeno da delinquência, que se tornou "por todas as formas de intervenção, uma mercadoria que paga" (Wacquant, 1999), que guia a ação dos governos e que trata a questão das violências urbanas apenas de forma repressiva.

O crime e a violência direcionam olhares para a pobreza devido à quantidade de eventos violentos perpetrados por essa camada da sociedade e à divulgação que é prestada a esses atos. Não nos parece, porém, que a pobreza gere a violência e o crime – este, aliás, é uma característica da sociabilidade humana, como já mostramos no Capítulo 1, quando falamos sobre os estudos de Durkheim. Onde houver ser humano, haverá violência, que deve, no entanto, ser controlada por mecanismos sociais ou legais concebidos para permitir a convivência das pessoas em sociedade.

O discurso da criminalização da pobreza ou de grupos raciais, religiosos ou étnicos tem de ser analisado com cuidado, pois, embora possa se prestar a fins positivos, como a procura pela melhoria das condições de vida dessas populações, pode também provocar efeitos contrários.

Esses efeitos podem ser de ordem psicológica, criando uma espécie de "coitadismo", ou de ordem mais prática para a segurança pública, quando o discurso extrapola o limite real da criminalização e alcança a órbita dos interesses escusos, individuais ou corporativos.

Um dos resultados de ordem prática na segurança pública é a retração dos órgãos de segurança em sua atuação em locais de pobreza ou em relação a seus moradores, devido à forte e, por vezes, desarrazoada manifestação da mídia e de setores da sociedade contra sua atuação.

Sobre esse efeito, Winogron (2017) demonstra que os homicídios nos Estados Unidos tiveram um aumento de 25% entres anos de 2014 e 2016 nas cidades com mais de 250 mil habitantes, em decorrência das repercussões midiáticas e populares em desfavor das forças de segurança.

O Departamento de Justiça dos Estados Unidos efetuou minuciosa averiguação, que indicou que esse aumento teve como causa mais provável o que ficou conhecido como *efeito Ferguson*. Essa expressão foi cunhada posteriormente à morte de um jovem negro numa cidade chamada Ferguson, fato que provocou grande comoção social. As repercussões e os ataques da imprensa e de parcelas da população contra forças policiais estariam desestimulando os policiais e animando os criminosos.

A falta de incentivo teria provocado uma redução no trabalho proativo dos policiais, culminando na drástica redução da quantidade de abordagens realizadas por iniciativa desses profissionais, bem como na diminuição do número de prisões e de notificações de infratores. Mesmo crimes de maior potencial ofensivo passaram a ser menos prevenidos, pelo receio impingido aos policiais de se envolverem em situações ou em ocorrências que pudessem redundar em escândalos. Dessa forma, reduziu-se muito a efetividade da polícia, com reflexos diretos na segurança da população.

A piora nos índices de criminalidade encontra outras explicações também relacionadas ao efeito Ferguson, entre as quais estaria a diminuição da legitimidade da polícia – especialmente entre as populações menos abastados economicamente –, que acaba por fazer a confiança nas forças de segurança diminuir, o que fomenta comportamentos violentos.

Em nossa visão, o mais provável é que essas duas dimensões não sejam contraditórias, mas complementares, pois ambas devem ter contribuído para a piora dos índices citados. Entendemos que, para controlar a violência, deve-se unir o aumento da proatividade policial ao incremento de sua legitimidade. Destarte, a criminação tanto da pobreza quanto da polícia geram efeitos danosos à segurança pública.

Assim, análises, críticas ou comentários permeados de ideologia e de preconceitos ou cunhados por pessoas com temperamento sempre irascível contra os menos favorecidos ou contra as forças de segurança, especialmente contra as polícias militares, que são os órgãos públicos de maior capilaridade e exposição no Estado brasileiro, bem como os que apresentam menor burocracia a seu acesso – basta um aceno de mão para requerer seus serviços –, em nada contribuem para a compreensão de fatos relacionados ao tema ou para a busca de respostas para os problemas relatados. Muito distante disso, somente constroem muros que impedem a visão e distanciam as soluções.

6.3 Movimentos sociais

Recentemente, o Brasil vem experimentando uma quantidade bastante acentuada de manifestações públicas, com os mais diversos motivos, métodos e atitudes. Por convicção pessoal, ideologia política, ignorância, preconceito ou outros motivos de qualquer outra ordem, há quem considere que todos os participantes desses movimentos não passam de badernieros e desocupados.

Também por diversos motivos, há grupos de manifestantes que realmente promovem atos ilícitos durante suas reuniões.

Sobre esse assunto, temos, portanto, duas abordagens a serem feitas: 1) quanto à criminalização dos movimentos sociais; e 2) quanto aos crimes cometidos durante a realização desses movimentos.

6.3.1 Criminalização dos movimentos sociais

Inicialmente, temos de delimitar o que estamos denominando de *movimentos sociais*. Em nosso entendimento, eles consistem em reuniões, previamente marcadas ou eventuais, tendentes a reclamar, pedir, exigir ou denunciar algo. Seja qual for o motivo, essas reuniões têm de ter finalidade, a princípio, lícita e meios e métodos, em primeira análise, pacíficos. Dizemos *a princípio* porque uma reunião que, de antemão, já possui um fim ilícito ou que seus meios e métodos sejam também ilícitos, não pode, a nosso ver, ser chamada de *movimento social*, pois constitui, em nossa visão, crime premeditado. Exemplo de uma reunião a que não podemos chamar de *movimento social* é a de associados de torcidas de times de futebol que marcam, via redes sociais, para se encontrar e promover desordem ou vandalismo.

Diferentemente desses "pseudotorcedores" é a situação de reuniões com propósitos políticos que, a princípio, não têm fins, meios e métodos ilícitos, mas que, em seu decorrer, descambam para a violência. Essas reuniões, em nosso entendimento, devem ser denominadas de *movimento social*.

No ano de 2013, iniciaram-se no Brasil reuniões de rua reivindicatórias, com motivos absolutamente heterogêneos, mas que eclodiram com maior intensidade devido à majoração nos preços das passagens do transporte coletivo.

Dessa forma, em meados de 2013 – no que ficou conhecido como *jornadas de junho* ou *manifestações dos 20 centavos*, motivadas inicialmente pela majoração dos preços do transporte, mas que reivindicavam também a melhoria da qualidade dos serviços públicos e a apuração e a responsabilização de atos de corrupção política – ocorreram inúmeros atos violentos, com depredações e danos, diante do que o Estado interveio para procurar manter a ordem pública.

Essa intervenção sofreu diversas críticas: uns a consideraram muito moderada, pois permitiu que os manifestantes perpetrassem danos ao patrimônio público e lesões corporais a outras pessoas sem que houvesse uma resposta criminal à altura; outros a consideraram exagerada, criminógena, discriminatória e um desrespeito ao direito à livre manifestação do pensamento.

Setores da imprensa e integrantes de alguns movimentos sociais entenderam que não houve esforços reais para a resolução dos impasses por meio do diálogo, e que o uso da força e a prisão de manifestantes e ativistas constituíram atos de criminalização dos movimentos sociais, colocando em cheque a existência de uma verdadeira democracia no Brasil. Vemos, nesse caso, claramente conflitos entre direitos. De um lado, o direito à propriedade, ao sossego, à locomoção e à integridade física; de outro, o direito à manifestação do pensamento.

Mas reflitamos sobre esta questão: O direito de manifestação se sobrepõe aos direitos individuais anteriormente citados? Caso contrário – em que a resposta é que o direito de manifestação não pode desrespeitar o direito à propriedade, ao sossego, à locomoção e à integridade física –, as manifestações públicas devem ficar adstritas apenas a reuniões, a deslocamentos ordeiros e a discursos?

Ou então, aderindo a uma visão abolicionista penal – que discutimos no Capítulo 5 –, deve haver lenidade na aplicação da legislação penal em relação a atos praticados durante manifestações públicas? Em outras palavras, atos inicialmente tidos como ilícitos, quando praticados durante manifestações públicas, desde que respeitando certos limites, deveriam ser tolerados pela sociedade, estando enquadrados na teoria da adequação social*? Mas em que medida esses atos seriam socialmente adequados? Essas são questões com que o Estado tem de lidar quando atua para a preservação da segurança pública, não podendo pender de forma absoluta nem para um lado, nem para o outro, tendo de adotar uma postura que não seja omissa, mas que também possibilite o exercício do direito de manifestação de pensamento, mesmo que isso resulte formalmente em cometimento de ilícitos penais. Por exemplo: pichações e pequenos danos ao patrimônio deveriam ser tolerados, pois são ilícitos de menor potencial ofensivo, portanto, não faz sentido a atuação estatal, que provavelmente causará pânico e redundará em pessoas lesionadas, para que seja realizada a detenção e a condução de alguém para a lavratura de um termo circunstanciado de infração penal.

Nas lições de Tonelli (2013, p. 17), se somos

> *súditos do império do direito é porque no Estado de Direito ninguém está acima da lei e sob tal perspectiva, acostumamo-nos a pensar que numa democracia todo aquele que se coloca fora ou para além do Estado de*

---

* Sobre a teoria da adequação social, Mirabete e Fabrini (2009, p. 99) afirmam que "a ação é a conduta socialmente relevante, dominada ou dominável pela vontade humana. A relevância social da ação é o critério conceitual comum a todas as formas de comportamento e, portanto, também ao crime. [...] Como o Direito Penal só comina pena às condutas socialmente danosas e como socialmente relevantes é toda conduta que afeta a relação do indivíduo para com o seu meio, sem relevância social não há relevância jurídico-penal. Só haverá fato típico, portanto, segundo a relevância social da ação. [...]. As críticas feitas a essa teoria residem na dificuldade de conceituar-se o que seja relevância social da conduta, pois tal exigiria um juízo de valor, ético. Tratar-se-ia de um critério vago e impreciso que, inclusive, influiria nos limites da antijuridicidade, tornando também indeterminada a tipicidade".

Direito, violando suas leis, é criminoso. Daí a crescente criminalização dos movimentos sociais, populares e estudantis e em alguns casos até da própria atividade política.

Assim, devemos cuidar para não criminalizar os movimentos sociais apenas pelo fato de gerarem transtornos à locomoção e ao sossego ou, ainda, por produzirem pequenos danos ao patrimônio. Não podemos admitir, no entanto, que ocorram crimes de maior envergadura, como lesões corporais, invasões, saques e depredações a comércios ou a agências bancárias, pois essas atitudes atentam contra a ordem pública e ultrapassam o limite do que é socialmente adequado.

6.3.2 Crimes nos movimentos sociais

Se existe uma tendência de criminalizar os movimentos sociais, não há dúvidas quanto à realização de crimes durante atos reivindicatórios, seja de maneira planejada e com fins de ganhar notoriedade, seja de maneira eventual.

O cometimento de ações ilícitas é método corriqueiro utilizado para ganhar publicidade. Atos de vandalismo, depredações, interrupções de trânsito e até delitos de maior potencial ofensivo são utilizados para que determinada manifestação chame a atenção da mídia e as reivindicações fiquem conhecidas pelo maior número possível de pessoas. Nesse caso, os organizadores do evento utilizam a máxima de que "avião voando não dá notícia".

Essa prática, além de socialmente questionável, pode dar azo a distorções, com a organização de movimentações para atender a objetivos que nada têm a ver com reivindicações sociais, como para denegrir ou elogiar alguma personalidade política ou para a obtenção de lucro em manobras comerciais.

Assim, temos de atentar para o que possa realmente ser denominado *movimento social* e para eventos que apenas tentam adotar essa roupagem, mas que na verdade são grupos de cidadãos que se reúnem para o cometimento de delitos, como o exemplo já explorado de "pseudotorcedores" de times de futebol, que promovem os mais diversos atos criminosos e tentam se investir de motivações sociais ou culturais.

6.4 Juventude e criminalidade

Como analisamos no Capítulo 1, o fenômeno criminal é tido por Durkheim como normal e presente em todas as sociedades, sendo, portanto, um fato social não patológico. Na juventude brasileira, que é exposta a condições sociais, culturais e educacionais frequentemente muito adversas, tal fenômeno, além de normal, seria esperado. Essas condições são flagrantes desajustes do Estatuto da Criança e do Adolescente (ECA)* em relação às políticas e aos mecanismos para a implementação dessa lei.

Nas lições de Santos (2013), é normal que os adolescentes cometam delitos, o que deve cessar com o passar dos anos. Esses atos infracionais são cometidos por diversas causas, especialmente para ultrapassar limites, demonstrar falta de temor ou apenas para experimentar a eficácia das leis ou das forças públicas de segurança. Mediante essa normalidade, as sanções privativas de liberdade teriam eficácia invertida, pois gerariam estigmas, prisões e maior reincidência.

---

* BRASIL. Lei n. 8.069, de 13 de julho de 1990. **Diário Oficial da União**, Poder Executivo, Brasília, DF, 16 jul. 1990. Disponível em: <http://www.planalto.gov.br/Ccivil_03/leis/L8069.htm>. Acesso em: 30 jan. 2018.

> Em oposição à ideologia oficial, a criminologia contemporânea define o comportamento desviante do adolescente como fenômeno social **normal** (com exceção da **grave violência** pessoal, patrimonial e sexual), que desaparece com o amadurecimento: infrações de **bagatela** e de **conflito** do adolescente seriam expressão de comportamento experimental e transitório dentro de um mundo múltiplo e complexo, e não uma epidemia em alastramento. (Santos, 2013, p. 2, grifo do original)

Há posições contrárias a essa ideia, pelas quais a frequência e a gravidade dos delitos praticados por adolescentes faz nascer a necessidade de revisão do instituto da idade de imputabilidade penal, no intuito de penalizar mais precocemente; em regra, é proposta a idade de 16 anos como o marco da imputabilidade penal, havendo também a possibilidade de se excluir uma idade inicial.

Para os adeptos desse entendimento, as medidas socioeducativas a que estão sujeitos os adolescentes infratores – tanto não privativas de liberdade quanto privativas de liberdade – não são suficientes para impingir a eles o receio de uma reprimenda, muito menos são capazes de demovê-los da provável reincidência.

Somado à esperada rebeldia da adolescência – que deve ter limites impostos pela família, pela escola, pelas igrejas e, se necessário, pelo Estado –, há atualmente o crescimento do uso de drogas ilícitas entre os jovens, o que leva ao aumento do envolvimento desses indivíduos com crimes conexos ou paralelos ao uso e ao tráfico de entorpecentes.

São diversos os fatores que influenciam a entradas de jovens no "mundo das drogas". A influência do meio, por certo, é um dos maiores responsáveis por essa inserção. O desejo de se sentir aceito em determinado grupo ou de parecer "adulto" e o impulso pela transgressão são algumas das explicações para o fenômeno.

Seja qual for o motivo, fato é que o uso de drogas leva ao aumento dos índices criminais. Mesmo que o usuário não esteja cometendo nenhum outro crime, além do porte da substância ilícita, para que aquele produto chegue a seu poder, certamente diversos crimes foram cometidos; portanto, o uso de entorpecentes, normalmente iniciado com pouca idade, é responsável por uma grande quantidade de crimes.

O tráfico de drogas é, ao que parece, a principal e mais lucrativa atividade das quadrilhas criminosas nacionais, visto ser o Brasil um mercado consumidor gigantesco e também rota do produto dos países andinos para os Estados Unidos e para a Europa. Se não podemos atribuir com exclusividade ao tráfico de drogas a responsabilidade pelo incremento da criminalidade em nosso país, por certo essa atividade ilegal e os crimes a ela conexos ou paralelos têm forte influência na situação atual.

6.5 A questão carcerária

Com fortes ligações com a criminalização da pobreza, há autores que entendem que o encarceramento no Brasil é demasiado e que as penas são exageradamente severas.

> *Essa política penal [vinda dos Estados Unidos] produziu taxas de encarceramento enlouquecidas no mundo todo onde esse modelo impera. É uma maneira neoliberal de trabalhar as questões sociais criminalizando, aumentando as penas, apostando num modelo onde [sic] se superlota o sistema penitenciário e não se dá uma esperança de saída. As penas são cada vez mais longas, e os castigos, maiores. Eu digo que nosso sistema penitenciário é um mix, um misto de Guantánamo e Carandiru. É o rigor*

penitenciário de Guantánamo com as condições infra-humanas do Carandiru. (Batista, 2006)

Para Batista (2006), a sociedade deveria apostar em diminuir a população carcerária, especialmente a de presos provisórios, ou seja, aqueles que ainda não tenham uma sentença condenatória definitiva, que, em regra, aflige as populações de menor renda, que não possui meios para pagar advogados e arcar com os custos de longos e morosos recursos judiciais.

A autora propõe o tratamento condigno do apenado, formando pontes de comunicação entre a população carcerária e seus familiares e o mundo externo às prisões. Considera ainda que grande parte das quadrilhas do país são decorrência de um sistema prisional ineficiente, que transforma aqueles que cometeram pequenos delitos em líderes de facções criminosas, sendo isso fruto da criminalização da pobreza (Batista, 2006).

Não há como negar a existência de grupos criminosos, de quadrilhas e de diversas formas de associações ou organizações criminosas. Não podemos, no entanto, atribuir ao encarceramento de quem o Estado julgou ter cometido delitos a fonte da criminalidade. Seria prudente promover a libertação em massa dos apenados, sob a perspectiva de que o cárcere produz a violência hoje vivenciada?

De acordo com informações do Instituto de Pesquisa Econômica Aplicada – Ipea (2015, p. 10), "a população carcerária do Brasil cresceu 83 vezes em setenta anos"; o "total de apenados condenados no sistema prisional passou de 3.866 pessoas em 1938 para 321.014 em 2009" (Ipea, 2015, p. 10), sem contabilizar os encarcerados provisórios. Esses números levam o Brasil à quarta posição entre as nações que mais encarceram no mundo. Há dificuldades conceituais e exiguidade de pesquisas a respeito da reincidência, no entanto, ao que parece – e pelo que consta no relatório do Ipea –, a taxa fica em torno de 70%. Esses números devem nos levar a refletir acerca dos custos do encarceramento, em termos monetários, familiares e sociológicos.

Sobre o primeiro tipo de custo, não há como negar que o encarceramento é uma atividade custosa em termos monetários, o que torna comum o comentário, especialmente em épocas de campanhas eleitorais, de que devemos investir em escolas e não em presídios. Parece evidente que o investimento maciço em educação tem o condão de diminuir os índices de criminalidade, mas pensemos: Há possibilidade de não construirmos presídios e, consequentemente, não prendermos mais ninguém para que os recursos sejam destinados à construção e à manutenção de escolas?

O real custo do encarceramento no Brasil é pouco conhecido e de difícil aferição, além de ser altamente variável, conforme a região do país e a estrutura e a finalidade das unidades prisionais. Além disso, esse custo abrange alimentação, água, energia, saúde, pessoal e tudo o que é necessário para a manutenção dos presos. Conforme declaração da Presidente do Supremo Tribunal Federal (STF), Ministra Cármem Lúcia, durante participação no 4º Encontro do Pacto Integrador de Segurança Pública Interestadual e da 64ª Reunião do Colégio Nacional de Secretários de Segurança Pública (Consesp), em Goiânia (GO), no dia 10 de novembro de 2016, um preso no Brasil custava, naquela ocasião, R$ 2,4 mil por mês, e um estudante do ensino médio, R$ 2,2 mil por ano (Brasil, 2016).

Além desses custos, considerados ponderáveis, ou seja, passíveis de medição, há diversos outros que são imponderáveis – os decorrentes da dessocialização, da violência decorrente do próprio encarceramento e da privação do convívio social e familiar.

No Brasil, a exemplo de diversos outros países, têm ganhado espaço políticas tendentes ao direito penal minimalista (conforme já vimos), pelo qual o rol de condutas típicas criminais deve ficar restrito às ofensas de maior gravidade. Da mesma forma, e até com maior intensidade, as políticas carcerárias, especialmente quanto ao regime inicial de cumprimento de pena e às progressões de regime, tendem a diminuir o tempo de encarceramento dos condenados.

Mas será que essa política de desencarceramento terá por resultado a diminuição da criminalidade e da violência ou irá piorar a situação, ao fomentar o cometimento de delitos – pois soma à possibilidade da consumação criminal com ausência de flagrante por autoridade policial a probabilidade de o indivíduo livrar-se de uma condenação criminal e a certeza de que, se condenado, a pena não será cumprida em sua totalidade? Será que isso não gera uma quase certeza de impunidade, que impulsiona o homem ao crime e, ao passo que ele não sofrerá uma reprimenda exemplar, incentiva que outros delínquam?

Além dessas, propomos outras questões para reflexão: Uma política de aumento do encarceramento – inclusive com alteração legislativa para diminuir a idade de imputabilidade penal –, geraria efeitos benéficos para a segurança pública, posto que traria a convicção de que, se condenado, a pena imposta ao indivíduo seria cumprida, o que teria também efeitos quanto à diminuição da reincidência criminal? Ou não, apenas agravaria a já caótica situação carcerária atual?

Wacquant (2011), falando sobre o sistema penitenciário brasileiro, que demonstra a opção do Estado pelo tratamento penal, e não pelo tratamento social das classes menos favorecidas, menciona "o estado apavorante das prisões do país, que se parecem mais com campos de concentração para pobres, ou com empresas públicas de depósito industrial dos dejetos sociais, do que com instituições judiciárias servindo para alguma função penalógica – dissuasão, neutralização ou reinserção" (Wacquant, 2011, p. 13).

Ainda para o autor,

> *recorrendo à banalização do recurso ao aparelho repressivo, diminui-se, por outro lado, seu efeito estigmatizante e dissuasivo; por isso, torna-se necessário aumentar,*

> *sem cessar, as doses desse recurso para obter um mesmo resultado. Enfim, a "policialização" dos bairros segregados pode mesmo alimentar a delinquência, perpetrando uma cultura de resistência à autoridade.*
> (Wacquant, 2011, p. 13)

Já há bastante tempo, a situação carcerária brasileira chama a atenção, mas o ano de 2017 começou apresentando um incremento na violência intramuros. Em consequência desse aumento na violência dentro dos presídios, foi editado pelo governo federal o Plano Nacional de Segurança Pública (Brasil, 2017), que tem como principais metas reduzir os homicídios e os casos de violência contra a mulher, além de racionalizar o sistema penitenciário e a proteção das fronteiras nacionais. Esse plano, ao que nos parece, não trouxe nenhuma inovação ou mudança tendente a resolver o problema, apenas se presta a uma ação política e midiática para responder a reclamações latentes da população. No entanto, a questão continua sem um enfrentamento ou sem uma resolução aparente.

6.6 Pena de morte

Quando se sucedem crimes de grande repercussão midiática ou a recorrência de determinados delitos ultrapassa os limites toleráveis pela população, volta à baila a discussão acerca da utilidade, da possibilidade e da necessidade da **pena capital**. O calor dos fatos e o sentimento de revolta se transformam em combustível para essa discussão, a despeito da absoluta impossibilidade de sua instituição na vigência da atual Constituição Federal (Brasil, 1988) – exceção feita aos crimes militares em tempo de guerra. Assim, para que essa pena fosse instituída no Brasil, seria necessária uma nova Assembleia Nacional Constituinte.

Reflitamos sobre o assunto, abstraindo a impossibilidade jurídica. Matar resolve? O Estado tem o direito de executar um ser humano? A pena de morte é eficaz para diminuir a ocorrência de determinados crimes?

Os adeptos da pena de morte defendem que esta deve se restringir a um rol bastante específico e restrito de crimes e criminosos, estes, geralmente, devido à reincidência. Assim, somando-se às questões anteriores, novas surgem: A pena de morte diminuiria a incidência de crimes a ponto de justificar sua adoção? O temor da pena teria o condão de inibir, em grande escala, a incidência de crimes graves?

Reconhecendo a figura de criminosos incorrigíveis, acreditam os favoráveis à pena capital que a extinção da vida seria a escolha correta para lidar com a situação, ideia expressada na máxima "bandido bom é bandido morto", acreditando que a pena de morte traz a possibilidade de deter inúmeros crimes.

Neste ponto, destacamos a figura da pessoa "matável", que já mencionamos no Capítulo 5, quando falamos sobre sujeição criminal em Misse. Dessa forma, a pena de morte seria a resolução para os problemas relacionados a crimes graves ou apenas se prestaria para a eliminação de pessoa indesejáveis?

O raciocínio de que podemos eleger pessoas consideradas indesejáveis e que elas são "matáveis" historicamente deu ensejo a grandes barbáries. Inicialmente, elege-se um grupo marginal violento, considerado irrecuperável e incapaz de se adaptar às regras da pacífica convivência social. Mas quem seriam os eleitos? Que grupo de indesejáveis passaria a ser considerado "matável"?

Com entendimento oposto, muitos defendem que a vida é um valor absoluto e, portanto, o Estado não tem o direito de punir quem tiver cometido crimes, mesmo aqueles mais brutais, tirando-lhe a vida, sob pena de estar reproduzindo a brutalidade, tendo, então, de ser punido também, visto que sua ação seria o mais premeditado dos assassinatos, um ato de vingança da sociedade, e não um ato de punição.

Pesa também contra a pena de morte a possibilidade de falhas judiciais, levando-nos a perguntar se valem a pena os riscos da condenação de um inocente.

Cabe ainda a reflexão de que, apesar de pôr fim à vida de uma pessoa, a medida seria ineficaz para a prevenção de novos delitos e para a contenção da realização de crimes graves. Pelo contrário, teria o efeito de impulsionar quem já tivesse cometido um crime, para o qual a pena cominada seria a morte, a se tornar ainda mais violento em suas reações contra a prisão que o levaria a perder a vida.

Devem ser considerados ainda os altíssimos custos de um sistema capaz de amparar as execuções, pois os recursos e as apelações judiciais necessariamente seriam mais amplos e os condenados teriam de ficar separados dos demais detentos, o que eleva os gastos com instalações e pessoal.

É certo que não há e não haverá resposta definitiva quanto à eficácia dessa medida extrema. Os que entenderem válido discuti-la, no entanto, devem se valer dos argumentos aqui trazidos e muitos outros de caráter jurídico, moral, psicológico e econômico.

Síntese

Neste capítulo, procuramos provocar a reflexão acerca da violência e da criminalidade na atual sociedade brasileira. Para isso, iniciamos nossa jornada abordando a ética, a moral e os valores de nossa sociedade.

Posteriormente, passamos a ponderar a relação entre a privação material e o cometimento de crimes e finalizamos com uma análise da questão carcerária nacional.

Para saber mais

BECCARIA, C. **Dos delitos e das penas**. 2. ed. Tradução de Paulo M. Oliveira. São Paulo: Edipro, 2015.

Sobre as questões para reflexão que propusemos ao tratarmos da pena de morte, indicamos a leitura dessa obra, do jurista italiano Cesare Beccaria.

CORTELLA, M. S. **Por que fazemos o que fazemos**: aflições vitais sobre trabalho, carreira e realização. São Paulo: Planeta, 2016.

Indicamos a leitura desse livro para quem se propuser a aprofundar os estudos tratados neste capítulo.

Questões para revisão

1) Quanto à relação entre a juventude e o cometimento de atos ilícitos, Santos (2013) entende que os jovens cometem delitos por diversos motivos, entre os quais:
   a. demonstrar coragem e sustentar a família.
   b. testar a eficácia das normas e adquirir bens de consumo duráveis.
   c. testar a eficácia do aparelho estatal de repressão e sustentar a família.
   d. ultrapassar limites e demonstrar coragem.
   e. ultrapassar limites e sustentar a família.

2) A respeito da criminalização da pobreza, com base no que apresentamos neste capítulo, assinale V para as proposições verdadeiras e F para as falsas:
   ( ) Os pobres cometem mais crimes que os ricos, e isso evidencia que existe uma correlação direta entre pobreza e violência.

( ) O cometimento de crimes violentos é mais característico de agentes com menor poder aquisitivo.

( ) A população com maior poder aquisitivo e alto nível intelectual é menos propensa a cometer crimes.

( ) As manifestações culturais populares são responsáveis pelo aumento da criminalidade.

( ) A explicação mais provável para o chamado *efeito Ferguson*, relacionado ao aumento dos índices de homicídios nos Estados Unidos, é a diminuição da proatividade e da legitimidade da polícia.

Assinale a alternativa que corresponde corretamente à sequência obtida:

a. V, F, F, V, F.
b. V, V, F, F, V.
c. F, V, F, F, V.
d. F, V, F, F, F.
e. V, V, F, F, F.

3) Sobre a questão carcerária brasileira, com base no que vimos neste capítulo, assinale a alternativa correta:

a. Segundo declaração da presidente do Superior Tribunal Federal, um preso no Brasil custa o mesmo que um estudante do ensino médio.

b. O encarceramento possui apenas custos ponderáveis, os quais são de conhecimento comum e são amplamente divulgados pelo Estado brasileiro.

c. A adesão ampla e irrestrita ao direito penal mínimo resolveria a grave questão carcerária brasileira.

d. A política de desencarceramento terá, com certeza, o efeito de diminuir a criminalidade.

e. O encarceramento gera, além de custos ponderáveis, também custos imponderáveis, como a dessocialização do apenado e a privação de seu convívio familiar.

4) De acordo com a visão de Vicente de Paula Gomes, por quais motivos a violência recrudesce em todo o mundo?

5) Como Santos (2013) compreende o fenômeno da criminalidade na juventude?

Questões para reflexão

1) Você considera que a falta de oportunidades ou a privação material são justificativas plausíveis para o cometimento de ilícitos?

2) As manifestações públicas no Brasil já encontraram um modelo ideal? É legítimo cometer pequenos delitos para ganhar notoriedade pública e alcançar os objetivos dessas manifestações?

Para podermos contribuir com a melhoria das condições de segurança em nosso país, é de grande valia que nos dediquemos a estudar situações concretas referentes à violência e ao cometimento de crimes.

Por isso, trazemos à discussão uma matéria jornalística sobre chefes de organizações criminosas que estão detidos em presídios de segurança máxima, sob regime disciplinar diferenciado, que continuam a chefiar suas quadrilhas de dentro do cárcere.

> A Justiça de São Paulo determinou, nesta segunda-feira, que 11 presos acusados de integrar a cúpula do Primeiro Comando da Capital (PCC), a principal facção criminosa que atua no controle dos presídios e na venda de drogas no estado, passem 360 dias no regime disciplinar diferenciado (RDD). A lista inclui Marco Willians Herbas Camacho, o Marcola, apontado como o maior líder do grupo.

estudo de caso

O RDD é o regime mais duro de encarceramento previsto no estado de São Paulo e só está disponível na penitenciária de segurança máxima de Presidente Bernardes, no interior do estado. Os presos que estão no RDD ficam em uma cela individual por 22 horas por dia, com direito a duas horas de banho de sol. Podem receber visitas de duas pessoas por semana, pelo período máximo de duas horas, e só tem acesso a TV, livros ou jornais se a Justiça autorizar. O prazo máximo para ficar no RDD é de um ano.

Marcola e os outros 11 detentos já haviam entrado no RDD desde 14 de dezembro, quando a Justiça deferiu um pedido de liminar do Ministério Público permitindo a mudança de regime por 60 dias. Como o prazo terminou nesta segunda-feira, o juiz da 5ª Vara das Execuções Criminais da Capital avaliou o mérito do caso e concedeu a prisão por quase um ano no cárcere duro. A Justiça também aprovou que outros três presos permaneçam mais 20 dias no RDD.

O pedido de mudança de regime foi feito após a Operação Ethos, no fim do ano passado, que apurou o envolvimento de advogados com a facção. Eles formavam um grupo chamado, dentro da organização da quadrilha, de "sintonia dos gravatas". A investigação identificou que os 12 presos da cúpula do PCC comandavam a quadrilha com facilidade, embora estivessem detidos.

[...]

Fonte: Dantas, 2017.

Concluímos esta obra convictos da importância do tema abordado e da necessidade de continuar fomentando as discussões atinentes à sociologia com foco na violência, no crime e na atividade de segurança, seja pública, seja privada.

Nesse sentido, envidamos esforços para abordar lições de autores clássicos e contemporâneos, que foram tratados de forma simples e sucinta, mas com o aprofundamento que a temática exige, propiciando, tanto aos iniciantes quanto ao mais versados nos estudos da sociologia, material de estudo e de pesquisa para começar ou incrementar seus conhecimentos.

Para alcançarmos os objetivos propostos, as ideias e as teorias foram tratadas com a necessária contextualização aos meios tecnológicos e aos costumes atuais, nacionais e internacionais.

Temos a expectativa de que esta obra apresenta forte inclinação para inaugurar uma nova especialidade da sociologia, ligada aos fenômenos do crime e da violência, sob o enfoque da segurança pública, temática de muita importância nas sociedades atuais, que se veem oprimidas pela constante ameaça de sofrer com atos que podem levar a lesões pessoais ou a prejuízos patrimoniais.

Para possibilitar a continuidade dos estudos, deixamos como sugestão a leitura da tese *As mortes violentas na Tríplice Fronteira:*

para concluir...

números, representações e controle social – estudo comparativo entre Brasil, Paraguai e Argentina, defendida em 2016 pela pesquisadora Sandra Cristiana Kleinschmitt na Universidade Federal do Rio Grande do Sul. Essa pesquisa oferece uma oportunidade de aplicação dos conhecimentos adquiridos em nosso livro, confrontando a teoria com a realidade de uma região de fronteira do Brasil e observando a vertente do crime de homicídio diante de características regionais.

Na certeza de haver contribuído com os leitores na busca pela proficiência em suas carreiras, especialmente as ligadas aos temas tratados, assentamos que, embora não tenhamos esgotado os assuntos – pois eles são muito amplos –, deixamos um material com potencial para indicar caminhos para a compreensão dos problemas e a busca de suas soluções na área da segurança.

ALEXANDRE, M. Representação social: uma genealogia do conceito. **Comum**, Rio de Janeiro, v. 10, n. 23, p. 122-138, jul./dez. 2004. Disponível em: <https://www.facha.edu.br/pdf/Comum23.pdf>. Acesso em: 7 fev. 2018.

ALMEIDA, L. N. **Tolerância zero ou nova prevenção**: a experiência da política de segurança pública do município de Porto Alegre - RS. 156 f. Dissertação (Mestrado em Filosofia e Ciências Humanas) – Universidade Federal do Rio Grande do Sul, Porto Alegre, 2007. Disponível em: <http://www.lume.ufrgs.br/bitstream/handle/10183/12087/000618596.pdf?sequence=1>. Acesso em: 7 fev. 2018.

AMORIM, D. de L.; GONÇALVES, J. A. T. A racionalidade na ação do criminoso: uma abordagem sociológica a partir da teoria da escolha racional. In: ENCONTRO DE INICIAÇÃO CIENTÍFICA DAS FACULDADES INTEGRADAS "ANTONIO EUFRÁSIO DE TOLEDO", 6., 2010, Presidente Prudente. **Anais**... Presidente Prudente: Etic, 2010. Disponível em: <http://intertemas.unitoledo.br/revista/index.php/ETIC/article/viewFile/2375/1802>. Acesso em: 7 fev. 2018.

ANDRADE, V. R. P. de. Minimalismos, abolicionismos e eficienticismo: a crise do sistema penal entre a deslegitimação e a expansão. **Sequência**, Florianópolis, v. 27, n. 52, p. 163-182, jul. 2006. Disponível em: <https://periodicos.ufsc.br/index.php/sequencia/article/view/15205>. Acesso em: 7 fev. 2108.

ANJOS, F. V. dos. **Análise crítica da finalidade da pena na execução penal**: ressocialização e o direito penal brasileiro. 185 f. Dissertação (Mestrado em Direito) – Universidade de São Paulo, São Paulo, 2009. Disponível em: <http://www.teses.usp.br/teses/disponiveis/2/2136/tde-13042010-145345/pt-br.php>. Acesso em: 7 fev. 2018.

ARAÚJO, I. L. **Introdução à filosofia da ciência**. Curitiba: Ed. da UFPR, 1993.

ARAÚJO, U. F.; AQUINO, J. G. **Os direitos humanos na sala de aula**: a ética como tema transversal. São Paulo: Moderna, 2001.

BARATTA, A. **Criminologia crítica e crítica ao direito penal**. 6. ed. Tradução de Juarez Cirino dos Santos. Rio de Janeiro: Revan, 2011.

BARBOSA, P. S. C. A origem das desigualdades sociais segundo Jean-Jacques Rousseau. **Polymatheia – Revista de Filosofia**, Fortaleza, v. 6, n. 9, p. 139-150, 2013. Disponível em: <http://seer.uece.br/?journal=PRF&page=article&op=download&path%5B%5D=523&path%5B%5D=588>. Acesso em: 7 fev. 2018.

BARROS FILHO, C. de. O pensamento de Bourdieu. **Espaço Ética**, 2015. Aula 1: o campo social. Disponível em: <https://issuu.com/espacoetica/docs/bourdieu_aula_1_-_o_campo_social/6>. Acesso em: 29 jan. 2018.

BARTHES, R. **Crítica e verdade**. Tradução de Leyla Perrone-Moisés. São Paulo: Perspectiva, 1970.

BATISTA, C. R. R. O caminho da ecologia humana para um mundo em crescimento. **Vitas: Visões Transdisciplinares sobre Ambiente e Sociedade**, v. 3, n. 7, ago. 2013. Disponível em: <http://www.uff.br/revistavitas/images/Artigo_Carlos_Roberto_Batista_-2013_-O_caminho_da_ecologia_humana_Revis._Prof._Selene_1.pdf>. Acesso em: 26 jan. 2018.

BATISTA, V. M. A criminalização da pobreza. **Amaivos**, 15 jun. 2006. Entrevista. Disponível em: <http://amaivos.uol.com.br/amaivos2015/?pg=noticias&cod_canal=41&cod_noticia=7098>. Acesso em: 30 jan. 2018.

BECKER, H. A Escola de Chicago. **Mana**, Rio de Janeiro, v. 2, n. 2, p. 177-188, out. 1996. Disponível em: <http://dx.doi.org/10.1590/S0104-93131996000200008>. Acesso em: 26 jan. 2018.

_____. **Outsiders**: estudos de sociologia do desvio. Rio de Janeiro: J. Zahar, 2008.

BOURDIEU, P. **O poder simbólico**. Tradução de Fernando Tomaz. Rio de Janeiro: Bertrand Brasil, 1989.

_____. _____. 4. ed. Tradução de Fernando Tomaz. Rio de Janeiro: Bertrand Brasil, 2001.

_____. **Questões de sociologia**. Rio de Janeiro: Marco Zero, 1983.

_____. **Sobre a televisão**. Tradução de Maria Lúcia Machado. Rio de Janeiro: J. Zahar, 1997.

BOURDIEU, P.; PASSERON, J.-C. **A reprodução**: elementos para uma teoria do sistema de ensino. 7. ed. Petrópolis: Vozes, 2014.

BRASIL. Constituição (1988). **Diário Oficial da União**, Brasília, DF, 5 out. 1988.

BRASIL. Ministério da Justiça e Cidadania. **Plano Nacional de Segurança Pública**. 26 jan. 2017. Disponível em: <http://www.justica.gov.br/news/plano-nacional-de-seguranca-preve-integracao-entre-poder-publico-e-sociedade/pnsp-06jan17.pdf>. Acesso em: 30 jan. 2018.

BRASIL. Supremo Tribunal Federal. Ministra Cármen Lúcia diz que preso custa 13 vezes mais do que um estudante no Brasil. **Notícias STF**, 10 nov. 2016. Disponível em: <www.stf.jus.br/portal/cms/verNoticiaDetalhe.asp?idConteudo=329238&tip=UN>. Acesso em: 30 jan. 2018.

_____. Recurso Extraordinário n. 635.659, de 22 de fevereiro de 2011: tipicidade do porte de droga para consumo pessoal. Relator: Ministro Gilmar Mendes. **Diário da Justiça Eletrônico**, Poder Judiciário, Brasília, DF, 28 abr. 2011.

BRISOLA, E. Estado penal, criminalização da pobreza e serviço social. **Ser Social**, Brasília, v. 14, n. 30, jan./jun. 2012. Disponível em: <http://periodicos.unb.br/index.php/SER_Social/article/viewFile/7441/5749>. Acesso em: 30 jan. 2018.

BUENO, S. F. Da teoria crítica ao pós-estruturalismo: breves apontamentos para uma possível confrontação entre Adorno e Deleuze. **Educar em Revista**, Curitiba, n. 56, p. 149-161, abr./jun. 2015. Disponível em: <http://www.scielo.br/pdf/er/n56/0101-4358-er-56-00149.pdf>. Acesso em: 24 jan. 2018.

CABRAL, A. A sociologia funcionalista dos estudos organizacionais: foco em Durkheim. **Cadernos EBAPE.BR**, Rio de Janeiro, v. 2, n. 2, jul. 2004. Disponível em: <http://www.scielo.br/scielo.php?script=sci_arttext&pid=S1679-39512004000200002>. Acesso em: 24 jan. 2018.

CAMARGO, O. Sociedade. **Brasil Escola**. Disponível em: <http://brasilescola.uol.com.br/sociologia/sociedade-1.htm>. Acesso em: 23 jan. 2018.

CAOS ético e moral do país fica evidenciado com a greve da PM no Espírito Santo. **Camaçari Fatos e Fotos**, 11 fev. 2017. Disponível em: <http://www.camacarifatosefotos.com.br/opiniao/52275-caos-etico-e-moral-do-pais-fica-evidenciado-com-a-greve-da-pm-no-espirito-santo.html>. Acesso em: 30 jan. 2018.

CAPEZ, F. **Curso de direito penal**. 15. ed. São Paulo: Saraiva, 2015. vol. 1: parte geral: arts. 1º a 120.

CARDOSO, C. F. **Ensaios racionalistas**: filosofia, ciências naturais e história. Rio de Janeiro: Campus, 1988.

CAVALCANTI, M. F. R. Estudos organizacionais e filosofia: a contribuição de Deleuze. **Revista de Administração de Empresas**, Rio de Janeiro, v. 56, n. 2, p. 182-191, mar./abr. 2016. Disponível em: <www.scielo.br/scielo.php?script=sci_arttext&pid=S0034-75902016000200182>. Acesso em: 29 jan. 2018.

COHN, G. Introdução. In: COHN, G (Org.). **Max Weber**: sociologia. 6. ed. Tradução de Amélia Cohn e Gabriel Cohn. São Paulo: Ática, 1997. p. 7-34.

CONCEIÇÃO, G. H. da. Impacto da violência e do Estado policial e penitenciário sobre a vida dos trabalhadores. **Educere et Educare**, Cascavel, v. 4, n. 8, p. 289-306, jul./dez. 2009. Disponível em: <http://e-revista.unioeste.br/index.php/educereeteducare/article/download/3727/2934>. Acesso em: 24 jan. 2018.

CORTELLA, M. S. **Qual é a tua obra?** Inquietações propositivas sobre gestão, liderança e ética. 6. ed. Petrópolis: Vozes, 2009.

COSTA, C. **Sociologia**: introdução à ciência da sociedade. São Paulo: Moderna, 2002.

CRUZ, D. S. **Estudos de crime**: a escola sociológica de Chicago. Vitória: Instituto Jones dos Santos Neves, 2011. Texto para discussão n. 46. Disponível em: <http://www.ijsn.es.gov.br/artigos/1141-td-45-estudo-de-crime-a-escola-sociologica-de-chicago>. Acesso em: 26 jan. 2018.

DANTAS, T. Justiça manda Marcola e outros 11 líderes de facção para regime disciplinar diferenciado (RDD). **O Globo**, 13 fev. 2017. Disponível em: <https://oglobo.globo.com/brasil/justica-manda-marcola-outros-11-lideres-de-faccao-para-regime-disciplinar-diferenciado-rdd-20919222>. Acesso em: 31 jan. 2018.

DELEUZE, G. **Diferença e repetição**. Tradução de Luís Orlandi e Roberto Machado. São Paulo: Relógio D'água, 2000.

DONATO, M. P. O socialismo científico: Karl Marx. **Revista da Faculdade de Direito**, Belo Horizonte, v. 11, p. 46-76, out. 1959. Disponível em: <https://www.direito.ufmg.br/revista/index.php/revista/article/view/642/607>. Acesso em: 24 jan. 2018.

DORES, A. P. Anomia em Durkheim: entre a sociologia e a psicologia prisionais. In: JORNADAS DE ESTUDOS PENITENCIÁRIOS, 2004, Lisboa. **Anais...** Lisboa: Universidade Católica, 2004. Disponível em: <http://www.dhnet.org.br/direitos/sociologia/dores_anomia_durkheim.pdf>. Acesso em: 25 jan. 2018.

DURKHEIM, É. **As regras do método sociológico**. 3. ed. Tradução de Paulo Neves. São Paulo: M. Fontes, 2007. (Coleção Tópicos).

ELIAS, N.; SCOTSON, J. L. **Os estabelecidos e os outsiders**: sociologia das relações de poder a partir de uma pequena comunidade. Tradução de Vera Ribeiro. Rio de Janeiro: J. Zahar, 2000.

FABRETTI, H. B. A teoria do crime e da pena em Durkheim: uma concepção peculiar do delito. In: MESSA, A. F.; MAC CRACKEN, R. N. (Coord.). **Tendências jurídicas contemporâneas**: estudos em homenagem a Nuncio Theophilo Neto. São Paulo: Saraiva, 2011. p. 607-628.

FERNANDES, N.; FERNANDES, V. **Criminologia integrada**. 2. ed. São Paulo: Revista dos Tribunais, 2002.

_____. _____. 3. ed. São Paulo: Revista dos Tribunais, 2010.

FERRAJOLI, L. **Direito e razão**: teoria do garantismo penal. 4. ed. Tradução de Ana Paula Zomer Sica et al. São Paulo: Revista dos Tribunais, 2014.

FERRARI, A. T. **Fundamentos de sociologia**. São Paulo: McGraw-Hill do Brasil, 1983.

FERREIRA, A. B. de H. **Dicionário Aurélio da língua portuguesa**. 5. ed. Curitiba: Positivo, 2010.

FERRO, A. L. A. Sutherland: a teoria da associação diferencial e o crime de colarinho branco. **De Jure**, Belo Horizonte, n. 11, p. 144-167, jul./dez. 2008. Disponível em: <https://aplicacao.mpmg.mp.br/xmlui/bitstream/handle/123456789/102/Sutherland_Ferro.pdf?sequence=1>. Acesso em: 25 jan. 2018.

FIORIN, J. A. (Org.). **O pensamento humano na história da filosofia**. Ijuí: Sapiens, 2007.

FONSECA, J. B. L. da. Do contrato social à constituição: "do político ao jurídico". **Revista da Faculdade de Direito**, v. 26, n. 19-20, p. 248-273, maio/out. 1978. Disponível em: <https://www.direito.ufmg.br/revista/index.php/revista/article/view/1095/1028>. Acesso em: 23 jan. 2018.

FOUCAULT, M. **A arqueologia do saber**. 6. ed. Tradução de Luiz Felipe Baeta Neves. Rio de Janeiro: Forense Universitária, 2002.

_____. **História da loucura na Idade Clássica**. Tradução de José Teixeira Coelho Netto. São Paulo: Perspectiva, 1978.

GALLO, S. **Deleuze e a educação**. 2. ed. Belo Horizonte: Autêntica, 2008.

GAMA, R. R. **Curso de introdução ao direito**. 4. ed. Curitiba: Juruá, 2008.

GARCIA, L. B. dos R. A ideologia e o poder disciplinar como formas de dominação. **Trans/Form/Ação**, Marília, v. 11, p. 53-59, 1988. Disponível em: <http://www.scielo.br/pdf/trans/v11/v11a07.pdf>. Acesso em: 24 jan. 2018.

GOFFMAN, E. **Estigma**: notas sobre a manipulação da identidade deteriorada. 4. ed. Tradução de Mathias Lambert. São Paulo: LTC, 2004. Disponível em: <http://www.aberta.senad.gov.br/medias/original/201702/20170214-114707-001.pdf>. Acesso em: 26 jan. 2018.

_____. **Ritual de interação**: ensaios sobre o comportamento face a face. Tradução de Fábio Rodrigues Ribeiro da Silva. Petrópolis: Vozes, 2011. (Coleção Sociologia).

GOMES, V. P. Violência e valores morais. **Jus**, out. 2014. Disponível em: <https://jus.com.br/artigos/32615/violencia-e-valores-morais>. Acesso em: 30 jan. 2018.

GUERRA, I. Polêmicas e modelos para uma sociologia de intervenção. **Cadernos de Estudos Africanos**, n. 4, p. 71-84, jan./jul. 2003. Disponível em: <http://cea.revues.org/1571>. Acesso em: 24 jan. 2018.

GURVITCH, G. **Tratado de sociologia**. São Paulo: M. Fontes, 1958. v. 1.

HACK, R. F. Foucault: a epistèmê e o poder na modernidade. In: SEMINÁRIO DE PÓS-GRADUAÇÃO EM FILOSOFIA DA UFSCAR, 5., 2009, São Carlos. **Anais...** São Carlos: Edufscar, 2009. p. 239-245. Disponível em: <http://www.ufscar.br/~semppgfil/wp-content/uploads/2012/05/Rafael-Fernando-Hack-Foucault-a-epist%C3%AAm%C3%A9-e-o-poder-na-modernidade.pdf>. Acesso em: 29 jan. 2018.

HULSMAN, L. Temas e conceitos numa abordagem abolicionista da justiça criminal. In: PASSETTI, E.; SILVA, R. B. D. da. (Org.). **Conversações abolicionistas**: uma crítica do sistema penal e da sociedade punitiva. São Paulo: Ibccrim/PPG, 1997. p. 189-217.

HULSMAN, L.; CELIS, J. B. de. **Penas perdidas**: o sistema penal em questão. Tradução de Maria Lúcia Karam. Rio de Janeiro: Luam, 1993.

HULSMAN, L. et al. **Abolicionismo penal**. Tradução de Mariano Alberto Ciafardini e Mirta Lilián Bondanza. Buenos Aires: Ediar, 1989.

IPEA – Instituto de Pesquisa Econômica Aplicada. **Reincidência criminal no Brasil**: relatório de pesquisa. Rio de Janeiro: Ipea, 2015. Disponível em: <http://www.ipea.gov.br/portal/images/stories/PDFs/relatoriopesquisa/150611_relatorio_reincidencia_criminal.pdf>. Acesso em: 30 jan. 2018.

KLEINSCHMITT, S. C. **As mortes violentas na Tríplice Fronteira**: números, representações e controle social – estudo comparativo entre Brasil, Paraguai e Argentina. 236 f. Tese (Doutorado em Sociologia) – Universidade Federal do Rio Grande do Sul, Porto Alegre, 2016. Disponível em: <http://www.lume.ufrgs.br/handle/10183/156014>. Acesso em: 26 jan. 2018.

KORNHAUSER, R. R. **Social Sources of Delinquency**: an Appraisal of Analytic Models. Chicago: University of Chicago Press, 1978. v. 9.

LACERDA, G. B. de. Augusto Comte e o "positivismo" redescobertos. **Revista de Sociologia Política**, Curitiba, v. 17, n. 34, p. 319-343, out. 2009. Disponível em: <http://revistas.ufpr.br/rsp/article/view/29365/19128>. Acesso em: 23 jan. 2018.

LAKATOS, E. M. et al. **Sociologia geral**. 7. ed. São Paulo: Atlas, 1999.

LEANDRO KARNAL FAZ a melhor síntese do ano sobre 'o que é a corrupção'. **Pragmatismo Político**, 21 dez. 2016. Disponível em: <http://www.pragmatismopolitico.com.br/2016/12/leandro-karnal-faz-a-melhor-sintese-sobre-o-que-e-a-corrupcao.html>. Acesso em: 30 jan. 2018.

LEFEBVRE, H. **Sociologia de Marx**. Rio de Janeiro: Forense, 1968.

LIMA, R. C. P. Sociologia do desvio e interacionismo. **Tempo Social**: revista de sociologia da USP, São Paulo, v. 13, n. 1, p. 185-201, maio 2001. Disponível em: <http://www.scielo.br/pdf/ts/v13n1/v13n1a12.pdf>. Acesso em: 26 jan. 2018.

LOCHE, A. A. et al. **Sociologia jurídica**: estudos de sociologia, direito e sociedade. Porto Alegre: Síntese, 1999.

LOPES, L. S. A criminologia crítica: uma tentativa de intervenção (re)legitimadora no sistema penal. **De Jure**: revista jurídica do Ministério Público do Estado de Minas Gerais, Belo Horizonte,

n. 5, jul./dez. 2002. Disponível em: <http://bdjur.stj.jus.br/jspui/
bitstream/2011/59154/criminologia_critica_uma_tentativa.pdf>.
Acesso em: 24 jan. 2018.

MACHADO, R. O professor e o filósofo. **Revista Trágica**: estudos
de filosofia da imanência, v. 8, n. 2, p. 1-15, 2. quadrim. 2015.
Disponível em: <http://tragica.org/artigos/v8n2/machado.pdf>.
Acesso em: 29 jan. 2018.

MACHADO DA SILVA, L. A. Sociabilidade violenta: por uma
interpretação da criminalidade contemporânea no Brasil urbano.
Sociedade e Estado, Brasília, v. 19, n. 1, p. 53-84, jan./jun. 2004.
Disponível em: <http://www.scielo.br/scielo.php?script=sci_arttext&
pid=S0102-69922004000100004>. Acesso em: 30 jan. 2018.

MANSO, B. P. **Crescimento e queda dos homicídios em SP
entre 1960 e 2010**: uma análise dos mecanismos da escolha
homicida e das carreiras no crime. 304 f. Tese (Doutorado em
Ciência Política) – Universidade de São Paulo, São Paulo, 2012.
Disponível em: <http://www.teses.usp.br/teses/disponiveis/8/8131/
tde-12122012-105928/pt-br.php>. Acesso em: 30 jan. 2018.

MARTINS, D. H. A metáfora teatral como representação social para
Erving Goffman: um ensaio teórico. **Revista Espaço Acadêmico**,
v. 14, n. 163, p. 141-149, dez. 2014. Disponível em:
<http://www.periodicos.uem.br/ojs/index.php/EspacoAcademico/
article/viewFile/24134/13979>. Acesso em: 26 jan. 2018.

MARX, K. **O capital**: crítica da economia política. Tradução de
Regis Barbosa e Flávio R. Kothe. São Paulo: Nova Cultural, 1996a.
(Coleção Os Economistas). Livro primeiro: o processo de produção
do capital. Tomo 1: prefácios e capítulos I a XII. Disponível em:
<http://www.histedbr.fe.unicamp.br/acer_fontes/acer_marx/
ocapital-1.pdf>. Acesso em: 24 jan. 2018.

_____. **O capital**: crítica da economia política. Tradução de Regis
Barbosa e Flávio R. Kothe. São Paulo: Nova Cultural, 1996b.
(Coleção Os Economistas). Livro primeiro: o processo de produção
do capital. Tomo 2: capítulos XIII a XXV. Disponível em:
<http://www.histedbr.fe.unicamp.br/acer_fontes/acer_marx/
ocapital-2.pdf>. Acesso em: 24 jan. 2018.

MARX, K. **Para uma crítica da economia política**. [S.l.]: Ridendo Castigat Mores, 1999. Disponível em: <http://www.ebooksbrasil.org/adobeebook/criticadaeconomia.pdf>. Acesso em: 24 jan. 2018.

MEDEIROS, C. C. C. de. **A teoria sociológica de Pierre Bourdieu na produção discente dos Programas de Pós-Graduação em Educação no Brasil (1965-2004)**. 366 f. Tese. (Doutorado em Educação) – Universidade Federal do Paraná, Curitiba, 2007.

MELHEM, P. M. Cidade grande, mundo de estranhos: escola de Chicago e "comunidades guarda-roupa". In: CONPEDI/UFF (Org.); COSTA, R. de S.; SANTIAGO, N. E. A.; PIRES, W. G. (Coord.). **Direito penal e criminologia**. Florianópolis: Funjab, 2012. p. 285-306.

MELLIN FILHO, O. O crime e a pena no pensamento de Émile Durkheim. **Intellectus**, Revista do Grupo Polis Educacional, Jaguariúna, v. 7, n. 14, p. 65-70, jan./mar. 2011. Disponível em: <http://www.revistaintellectus.com.br/DownloadArtigo.ashx?codigo=144>. Acesso em: 24 jan. 2018.

MELOSSI, D.; PAVARINI, M. **Cárcere e fábrica**: as origens do sistema penitenciário (séculos XVI-XIX). 2. ed. Tradução de Sérgio Lamarão. Rio de Janeiro: Revan, 2006. (Coleção Pensamento Criminológico).

MIRABETE, J. F.; FABRINI, R. N. **Manual de direito penal**. São Paulo: Atlas, 2009. v. 1: parte geral.

MISKOLCI, R. Do desvio às diferenças. **Teoria & Pesquisa**, n. 47, p. 9-41, jul./dez. 2005. Disponível em: <http://www.teoriaepesquisa.ufscar.br/index.php/tp/article/viewFile/43/36>. Acesso em: 26 jan. 2018.

MISSE, M. Crime, sujeito e sujeição criminal: aspectos de uma contribuição analítica sobre a categoria "bandido". **Lua Nova**, São Paulo, v. 79, p. 15-38, 2010. Disponível em: <http://www.scielo.br/pdf/ln/n79/a03n79.pdf>. Acesso em: 30 jan. 2018.

_____. **Malandros, marginais e vagabundos**: a acumulação social da violência no Rio de Janeiro. 413 f. Tese (Doutorado em Sociologia) – Instituto Universitário de Pesquisas do Rio de Janeiro, Rio de Janeiro, 1999. Disponível em: <http://www.uece.br/labvida/

dmdocuments/malandros_marginais_e_vagabundos_michel_misse.
pdf>. Acesso em: 30 jan. 2018.

MOCELLIM, A. D. A comunidade: da sociologia clássica à sociologia contemporânea. **Plural: Revista de Ciências Sociais**, São Paulo, v. 17, n. 2, p. 105-125, 2010. Disponível em: <https://www.revistas. usp.br/plural/article/view/74542/78151>. Acesso em: 25 jan. 2018.

MOREIRA, J. de O. Reflexões sobre o conceito de violência: da necessidade civilizatória à instrumentalização política. In: MOREIRA, J. de O.; ROSÁRIO, Â. B. do; KYRILLOS NETO, F. (Org.). **Faces violência na contemporaneidade**: sociedade e clínica. Barbacena: EdUEMG, 2011. p. 33-42.

MOSHER, C. Criminal Justice Records. In: KIMBERLY, K.-L. (Ed.). **Encyclopedia of Social Measurement**. New York: Elsevier. 2005. p. 551-556.

MUCCHIELLI, L. O nascimento da sociologia na universidade francesa (1880-1914). **Revista Brasileira de História**, São Paulo, v. 21, n. 41, p. 35-54, 2001. Disponível em: <http://www.scielo.br/pdf/rbh/v21n41/a03v2141.pdf>. Acesso em: 23 jan. 2018.

NASCIMENTO, A. C. Os cinco pontos do calvinismo. **Pedras vivas: Igreja Batista Reformada**. Disponível em: <http://files.missaoneemias.webnode.com.br/200000224-395363a4e3/Os-Cinco-Pontos-Do-Calvinismo2.pdf>. Acesso em: 25 jan. 2018.

NOVAIS, M. C. dos R. Do chão da fábrica à fábrica carcerária. **Revista de Criminologias e Políticas Criminais**, Curitiba, v. 2, n. 2, p. 117-130, jul./dez. 2016. Disponível em: <http://www.indexlaw.org/index.php/revistacpc/article/view/1459/pdf>. Acesso em: 24 jan. 2018.

NUCCI, G. de S. **Manual de direito penal**. 8. ed. São Paulo: Revista dos Tribunais, 2012.

_____. _____. 17. ed. Rio de Janeiro: Forense, 2017.

NUNES, E. D. Goffman: contribuições para a sociologia da saúde. **Physis**, Rio de Janeiro, v. 19, n. 1, p. 173-187, 2009. Disponível em: <http://www.scielo.br/pdf/physis/v19n1/v19n1a09.pdf>. Acesso em: 26 jan. 2018.

PEGORARO, J S. A construção histórica do poder de punir e da política penal. In: SILVA, J. M. A. de P. e; SALLES, L. M. F. (Org.).

Jovens, violência e escola: um desafio contemporâneo. São Paulo: Cultura Acdêmica, 2010. p. 71-102 Disponível em: <http://books. scielo.org/id/cbwwq/pdf/silva-9788579831096-04.pdf>. Acesso em: 25 jan. 2018.

PICCOLO, G. M.; MENDES, E. G. Dialogando com Goffman: contribuições e limites sobre a deficiência. **Poíesis Pedagógica**, Catalão, v. 10, n. 1, p. 46-63, jan./jun. 2012. Disponível em: <https://www.revistas.ufg.br/poiesis/article/view/19990>. Acesso em: 26 jan. 2018.

RAMOS, L. F. A. **Meio ambiente e meios de comunicação**. São Paulo: Annablume, 1996.

REALE, M. **Lições preliminares de direito**. 25. ed. São Paulo: Saraiva, 2001.

RIBEIRO, J. C. Georg Simmel, pensador da religiosidade moderna. **Revista de Estudos da Religião**, São Paulo, v. 6, n. 2, p. 109-126, 2006. Disponível em: <http://www.pucsp.br/rever/rv2_2006/p_ribeiro.pdf>. Acesso em: 26 jan. 2018.

RIBEIRO DE SÁ, G. **Ética, religião e capitalismo**: uma leitura à luz de Max Weber. In: ENCONTRO NACIONAL CONPEDI/UFPB, 23., 2014, João Pessoa. **Anais**... Florianópolis: Conpedi, 2014. Disponível em: <http://publicadireito.com.br/artigos/?cod=54821d182370046e>. Acesso em: 25 jan. 2018.

SABADELL, A. L. **Manual de sociologia jurídica**: introdução a uma leitura externa do direito. 4. ed. São Paulo: Revista dos Tribunais, 2008.

SALES, L. S. Estruturalismo: história, definições, problemas. **Revista de Ciências Humanas**, Florianópolis, n. 33, p. 159-188, abr. 2003. Disponível em: <https://periodicos.ufsc.br/index.php/revistacfh/article/view/25371/22297>. Acesso em: 24 jan. 2018.

SANTOS, J. C. dos. **A criminologia radical**. Rio de Janeiro: Forense, 1981.

_____. A necessidade de retomar Marx na criminologia. **Justificando Conteúdo Cultural**, São Paulo, 28 maio 2015. Disponível em: <http://justificando.cartacapital.com.br/2015/05/28/memorial-criminologico-ou-a-necessidade-de-retomar-marx/>. Acesso em: 24 jan. 2018.

SANTOS, J. C. dos. Prefácio à edição brasileira. In: MELOSSI, D.; PAVARINI, M. **Cárcere e fábrica**: as origens do sistema penitenciário (séculos XVI-XIX). 2. ed. Tradução de Sérgio Lamarão. Rio de Janeiro: Revan, 2010. (Coleção Pensamento Criminológico).

_____. O adolescente infrator e os direitos humanos. **Instituto de Criminologia e Política Criminal**, 2013. Disponível em: <http://icpc.org.br/wp-content/uploads/2013/01/adolescente_infrator. pdf>. Acesso em: 30 jan. 2018.

SCOTT, A. Police Records and the Uniform Crime Reports. In: KIMBERLY, K.-L. (Ed.). **Encyclopedia of Social Measurement**. New York: Elsevier, 2005. p. 81-87.

SELL, C. E. Racionalidade e racionalização em Max Weber. **Revista Brasileira de Ciências Sociais**, v. 27, n. 79, p. 153-172, jun. 2012. Disponível em: <http://www.scielo.br/pdf/rbcsoc/v27n79/a10.pdf>. Acesso em: 23 jan. 2018.

_____. **Sociologia clássica**: Durkheim, Weber e Marx. Itajaí: Univali, 2001. Disponível em: <http://www.marcelinochampagnat. com.br/files/files/1603311846183717sociologiaclassica-durkheim weberemarx-carloseduardosell.pdf>. Acesso em: 23 jan. 2018.

SHECAIRA, S. S. **Criminologia**. 4. ed. São Paulo: Revista dos Tribunais, 2012.

SILVA, A. S. da. Fetichismo, alienação e educação como mercadoria. **Revista Reflexão e Ação**, Santa Cruz do Sul, v. 19, n. 1, p. 123-139, jan./jun. 2011. Disponível em: <https://online.unisc.br/ seer/index.php/reflex/article/download/1900/1921>. Acesso em: 24 jan. 2018.

SILVA, F. L. e. **Ética e literatura em Sartre**. São Paulo: Ed. da Unesp, 2004. (Coleção Biblioteca de Filosofia).

SILVA, J. da. **Segurança pública e polícia**: criminologia crítica aplicada. 2. ed. Rio de Janeiro: Forense, 2008.

SKOLNICK, J. H. Policing. In: SMELSER, N. J.; BALTES, P. B. (Ed.). **International Encyclopedia of the Social & Behavioral Sciences**. New York: Elsevier, 2001. p. 11535-11541.

SOUZA, V. de. A formação policial militar do Paraná e a exigência do curso superior. In: SIMPÓSIO BRASILEIRO DE SEGURANÇA

PÚBLICA, 1., 2012, Foz do Iguaçu. **Anais**... Foz do Iguaçu: Amebrasil, 2012.

STAROBINSKI, J. **Jean-Jacques Rousseau**: a transparência e o obstáculo. São Paulo: Companhia das Letras, 2001.

SUTHERLAND, E. H. A criminalidade de colarinho branco. Tradução de Lucas Minorelli. **Revista Eletrônica de Direito Penal e Política Criminal**, Porto Alegre, v. 2, n. 2, p. 93-103, 2014. Disponível em: <http://seer.ufrgs.br/index.php/redppc/article/view/56251/33980>. Acesso em: 26 jan. 2018.

SUTHERLAND, E. H.; CRESSEY, D. R. **Principles of Criminology**. 5 ed. Philadelphia: Lippincott, 1955.

THIRY-CHERQUES, H. R. À moda de Foucault: um exame das estratégias arqueológica e genealógica de investigação. **Lua Nova**, São Paulo, n. 81, p. 215-248, 2010. Disponível em: <http://www.scielo.br/scielo.php?script=sci_arttext&pid=S0102-64452010000300009&lng=en&nrm=iso&tlng=pt>. Acesso em: 24 jan. 2018.

_____. Max Weber: o processo de racionalização e o desencantamento do trabalho nas organizações contemporâneas. **Revista de Administração Pública – RAP**, Rio de Janeiro, v. 43, n. 4, p. 897-918, jul./ago. 2009. Disponível em: <http://www.scielo.br/pdf/rap/v43n4/v43n4a07.pdf>. Acesso em: 25 jan. 2018.

_____. O primeiro estruturalismo: método de pesquisa para as ciências da gestão. **Revista de Administração Contemporânea**, Curitiba, v. 10, n. 2, p. 137-156, abr./jun. 2006. Disponível em: <http://www.scielo.br/scielo.php?script=sci_arttext&pid=S1415-65552006000200008&lng=en&nrm=iso&tlng=pt>. Acesso em: 31 jan. 2018.

TONELLI, M. L. Q. **A judicialização da política e a soberania popular**. 126 f. Tese (Doutorado em Filosofia) – Universidade de São Paulo, São Paulo, 2013. Disponível em: <http://www.teses.usp.br/teses/disponiveis/8/8133/tde-15012014-102753/pt-br.php>. Acesso em: 30 jan. 2018.

TRINDADE, J. D. de. Anotações sobre a história social dos direitos humanos. In: SÃO PAULO (Estado). Procuradoria Geral do Estado.

Direitos humanos: construção da liberdade e da igualdade. São Paulo: Centro de Estudos da Procuradoria Geral do Estado, 1998, p. 23-163.

VALLA, W. O. **Deontologia policial-militar**: ética profissional. 3. ed. Curitiba: AVM, 2003.

VALENTIN, F. F.; PINEZI, A. K. Indivíduo e sociedade no pensamento social da Escola de Chicago. **Agenda Social**, v. 6, n. 3, p. 17-29, 2012. Disponível em: <http://revistaagendasocial.com.br/index.php/agendasocial/article/view/23>. Acesso em: 10 dez. 2017.

VARES, S. F. de. Solidariedade mecânica e solidariedade orgânica em Émile Durkheim: dois conceitos e um dilema. **Mediações: Revista de Ciências Sociais**, Londrina, v. 18, n. 2, p. 148-171, jul./dez. 2013. Disponível em: <http://www.uel.br/revistas/uel/index.php/mediacoes/article/view/17317/13807>. Acesso em: 25 jan. 2018.

VASCONCELLOS, J. A ontologia do devir de Gilles Deleuze. **Kalagatos: Revista de Filosofia**, Fortaleza, v. 2, n. 4, p. 137-167, verão 2005.

VIANA, N. Weber: tipos de educação e educação burocrática. **Guanicuns**, Anicuns, n. 1, p. 117-132, nov. 2004.

VIEIRA, J. D. et al. Uma breve história sobre o surgimento e o desenvolvimento do capitalismo. **Cadernos de Graduação – Ciências Humanas e Sociais**, Aracaju, v. 2, n. 3, p. 125-137, mar. 2015. Disponível em: <https://periodicos.set.edu.br/index.php/cadernohumanas/article/view/1950/1210>. Acesso em: 23 jan. 2018.

VIEIRA JÚNIOR, R. **Pós-estruturalismo e pós-anarquismo**: conexões. 142 f. Dissertação (Mestrado em Ciência Política) – Universidade Federal de Pelotas, Pelotas, 2012. Disponível em: <http://guaiaca.ufpel.edu.br/bitstream/123456789/1541/1/Roberto_%20Vieira_Junior_Dissertacao.pdf>. Acesso em: 24 jan. 2018.

WACQUANT, L. A criminalização da pobreza. Entrevista concedida a Cécile Prieur e Marie-Pierre Subtil. [S.l.], 29 nov. 1999. Tradução de Suely Gomes Costa. **Mais Humana**, dez. 1999. Disponível em: <http://www.uff.br/maishumana/loic1.htm>. Acesso em: 29 jan. 2018.

WACQUANT, L. As duas faces do gueto. Tradução de Paulo Cezar Castanheira. São Paulo: Boitempo, 2008.

_____. **As prisões da miséria**. Tradução de André Telles. Rio de Janeiro: J. Zahar, 2001.

_____. _____. 2. ed. Tradução de André Telles. Rio de Janeiro: J. Zahar, 2011.

_____. **Punir os pobres**: a nova gestão da miséria nos Estados Unidos. 2. ed. Tradução de Eliana Aguiar. 2. ed. Rio de Janeiro: Revan, 2003. (Coleção Pensamento Criminológico).

_____. **Punir os pobres**: a nova gestão da miséria nos Estados Unidos – a onda punitiva. Tradução de Sérgio Lamarão. 3. ed. Rio de Janeiro: Revan, 2007. (Coleção Pensamento Criminológico, n. 6).

WEBER, M. **A ética protestante e o espírito do capitalismo**. São Paulo: M. Claret, 2013. (Coleção A Obra-Prima de Cada Autor).

_____. **Economia e sociedade**: fundamentos da sociologia compreensiva. Tradução de Regis Barbosa e Karen Elsabe Barbosa. Brasília: Ed. da UnB, 1991. v.1.

_____. **Historia económica general**. México: F.C.E., 1976.

WEIL, P. **A nova ética**. 2. ed. Rio de Janeiro: Rosa dos Tempos, 1994.

WHYTE, W. F. **Sociedade de esquina**: a estrutura social de uma área urbana pobre e degradada. Tradução de Maria Lúcia de Oliveira. Rio de Janeiro: J. Zahar, 2005.

WIEVIORKA, M. O novo paradigma da violência. **Tempo Social: Revista de Sociologia da USP**, São Paulo, v. 9, n. 1, p. 5-41, maio 1997. Disponível em: <https://www.revistas.usp.br/ts/article/view/86437/89094>. Acesso em: 29 jan. 2018.

_____. Violência hoje. **Ciência & Saúde Coletiva**, Rio de Janeiro, v. 11, suplemento, p. 1147-1153, 2006. Disponível em: <http://www.scielo.br/scielo.php?script=sci_arttext&pid=S1413-81232006000500002>. Acesso em: 29 jan. 2018.

WINOGRON, A. K. O "Efeito Ferguson", o aumento de homicídios nos EUA e a violência no Brasil. **Vencendo a violência!** 3 abr. 2017. Disponível em: <https://vencendoaviolencia.wordpress.com/2017/04/03/como-entender-o-efeito-ferguson-e-a-disparada-de-homicidios-nos-eua-pode-ajudar-o-brasil-a-reduzir-a-violencia/>. Acesso em: 30 jan. 2018.

Capítulo 1

1. b
2. b
3. d
4. Tendo em vista que existiam, na época, uma física celeste e uma física animal, para completar o sistema do conhecimento da natureza por meio de sua filosofia positiva ou verificável, era imprescindível contar com uma física social, que, depois, foi denominada de *sociologia*.
5. Quando aquilo que a pessoa quer é o que ela deve e pode.

Capítulo 2

1. c
2. d
3. b
4. A racionalização é o processo considerado, por diversos autores, como pertencente à modernidade e aquele que confere significado à diferenciação de linhas de ação. É um processo pelo qual boa parte das ações sociais se fundamenta em uma base teleológica, distanciando-se de motivações afeitas à moral, aos costumes ou à tradição.
5. Sim. Para Durkheim, o crime é observado em todas as sociedades. A ocorrência de delitos é normal, pois é impossível uma sociedade não apresentar violações às regras impostas. O crime acaba sendo necessário e, de certo modo, útil, pois dele decorrem as condições para a existência da solidariedade que

dá suporte ao desenvolvimento da moral e do direito.

Capítulo 3

1. a
2. c
3. e
4. Consiste no entendimento de que o comportamento criminoso resulta de um aprendizado por parte do indivíduo sobre a própria conduta criminosa. Todo e qualquer comportamento, criminoso ou não, pode ser aprendido, e o nível de aprendizado está diretamente relacionado à intensidade do contato que o indivíduo tem com o comportamento a ser assimilado.
5. Teoria da ecologia criminal ou teoria da desorganização social; teoria da associação diferencial; sociologia do desvio, de Becker; o pensamento sobre os estabelecidos e os *outsiders*; e o pensamento sobre o estigma, de Goffman.

Capítulo 4

1. d
2. b
3. d
4. Para Foucault, a disciplina é um instrumento de dominação. Aqueles que dominam necessitam de uma disciplina que selecione aqueles que são úteis (trabalhadores, a grande massa) para a manutenção do sistema de produção, extirpando os que se opõem e não são úteis ao modelo adotado. Assim, o comportamento domesticado, disciplinado, é adaptado às exigências das novas técnicas de produção industrial.
5. Sim. As instituições, em alguma medida, expressam um arcabouço de determinados valores, crenças e conhecimentos que as classes dominantes querem impor às demais classes sociais para a manutenção de seu domínio.

Capítulo 5

1. c
2. d
3. b
4. A recusa ao trabalho.
5. De que estava detido atrás das grades.

Capítulo 6

1. d
2. c
3. e
4. Fundamentalmente, a falência dos valores princípios tradicionais e a suplantação do valor de uso dos objetos pelo valor econômico artificial.
5. Santos (2013) entende esse fenômeno como algo socialmente normal (com exceção da grave violência pessoal, patrimonial e sexual), que desaparece com o amadurecimento: "infrações de **bagatela** e de **conflito** do adolescente seriam expressão de comportamento experimental e transitório dentro de um mundo múltiplo e complexo, e não uma epidemia em alastramento" (Santos, 2013, p. 2, grifo do original).

Alex Erno Breunig
Bacharel em Segurança Pública pela Academia Policial Militar do Guatupê e em Direito pela Pontifícia Universidade Católica do Paraná (PUCPR). Especialista em Inteligência Policial, em Polícia Judiciária Militar, em Planejamento e Controle de Segurança Pública e em Direito Penal. Oficial da Polícia Militar do Paraná, atualmente ocupa o posto de tenente-coronel e de chefe da Primeira Seção do Estado-Maior da corporação. Entre as funções que lhe conferem cabedal sociológico, estão a gestão da segurança pública durante as manifestações ocorridas na capital paranaense entre os anos de 2012 e 2017 e o comando do policiamento externo nos jogos da Copa do Mundo FIFA 2014.

Valmir de Souza
Bacharel em Segurança Pública pela Academia Policial Militar do Guatupê (APMG) e em Direito pela Universidade Paranaense (Unipar). Especialista em Gestão Ambiental, em Direito Penal e em Processo Penal pela Unipar, em Gestão de Políticas Públicas pela Universidade Estadual do Oeste do Paraná (Unioeste), em Administração e em Orientação Educacional pela Faculdade de Pinhais (FAPI) e em Policiamento Montado, em Polícia Judiciária

Militar e em Controle de Distúrbios Civis pela APMG, além de ter realizado o Curso de Aperfeiçoamento de Policiais (CAO) e o Programa Educacional de Resistência às Drogas e à Violência (Proerd) na APMG e o Curso de Negociação em Crises na Companhia de Polícia de Choque (Cia P Choque) – que se transformou no Batalhão de Operações Especiais (Bope). Mestre em Desenvolvimento Regional e Agronegócio pela Unioeste e doutor em Ambiente e Desenvolvimento pela Universidade do Vale do Taquari (Univates). Oficial da Polícia Militar do Paraná, atualmente ocupa o posto de capitão nessa corporação, é integrante da Força Nacional de Segurança Pública e atua há mais de 20 anos em batalhões na área de fronteira. Professor de Direito do Centro Universitário Fundação Assis Gurgacz (FAG), da Pontifícia Universidade Católica do Paraná (PUCPR) e da Faculdade de Ensino Superior de Marechal Cândido Rondon (Isepe Rondon).

Impressão:
Dezembro/2018